# 逆全球化下中国制造业价值链升级路径研究

王磊 著

中国社会科学出版社

**图书在版编目（CIP）数据**

逆全球化下中国制造业价值链升级路径研究/王磊著．—北京：中国社会科学出版社，2023.10

ISBN 978-7-5227-2524-6

Ⅰ．①逆…　Ⅱ．①王…　Ⅲ．①制造工业—产业结构升级—研究—中国　Ⅳ．①F426.4

中国国家版本馆 CIP 数据核字（2023）第 162972 号

| | |
|---|---|
| 出 版 人 | 赵剑英 |
| 责任编辑 | 车文娇 |
| 责任校对 | 周晓东 |
| 责任印制 | 王　超 |

| | |
|---|---|
| 出　　版 | 中国社会科学出版社 |
| 社　　址 | 北京鼓楼西大街甲 158 号 |
| 邮　　编 | 100720 |
| 网　　址 | http://www.csspw.cn |
| 发 行 部 | 010-84083685 |
| 门 市 部 | 010-84029450 |
| 经　　销 | 新华书店及其他书店 |

| | |
|---|---|
| 印刷装订 | 三河市华骏印务包装有限公司 |
| 版　　次 | 2023 年 10 月第 1 版 |
| 印　　次 | 2023 年 10 月第 1 次印刷 |

| | |
|---|---|
| 开　　本 | 710×1000　1/16 |
| 印　　张 | 13 |
| 字　　数 | 181 千字 |
| 定　　价 | 69.00 元 |

凡购买中国社会科学出版社图书，如有质量问题请与本社营销中心联系调换
电话：010-84083683

# 前　言<sup>*</sup>

经过改革开放 40 多年的努力，我国已全面建成小康社会，开启全面建设社会主义现代化国家的新征程。同时，国际环境日趋复杂，不稳定性、不确定性明显增加，新冠疫情影响广泛深远，世界经济陷入低迷期，经济全球化遭遇逆流，社会主义现代化国家新征程面临挑战。对于外部发展环境深刻复杂变化下如何建成社会主义现代化强国，习近平总书记多次强调："广大党员干部要胸怀两个大局，一个是中华民族伟大复兴的战略全局，一个是世界百年未有之大变局，这是我们谋划工作的基本出发点。"党的十九届五中全会强调，"全党要统筹国内国际两个大局，善于在危机中育先机、于变局中开新局"。《中共中央关于制定国民经济和社会发展第十四个五年规划和二〇三五年远景目标》指出，"深刻认识我国社会主要矛盾变化带来的新特征新要求，深刻认识错综复杂的国际环境带来的新矛盾新挑战"。可见，随着发展环境和发展目标的变化，我国需要走出一条转型升级的新路子。

在从前经济全球化深入发展的外部环境下，市场和资源"两头在外"对我国快速发展发挥了重要作用。在当前保护主义上升、世界经济低迷、全球化萎缩的外部环境下，世界经济从开放自由变得保守封闭，产业链、价值链"卡脖子"和"掉链子"事件频发，是

――――――――――
　　* 本书得到国家社科基金青年项目"全球价值链参与度波动的诱因、影响及中国控制对策研究"（21CJY015）、湖北省社科基金一般项目（后期资助）"逆全球化下中国制造业价值链升级路径研究"（HBSK2022YB328）、2021 年度"三峡大学学科建设项目"的资助。

百年未有之大变局的突出表现。如果继续依靠资源要素禀赋从全球价值链（Global Value Chains，GVCs）中获得分工收益，仅仅通过学习效应和海外技术溢出寻求制造业升级，不但会陷入"低端锁定"（刘志彪和张杰，2007），而且还要面临其他嵌入 GVCs 新兴经济体的"挤出风险"（王磊和魏龙，2017）和发达经济体的"脱钩打压"（余振等，2018）。已有研究在相关领域虽然取得很多成果，但是仍存在以下问题：（1）虽然识别出固有 GVCs 升级路径的机制、作用和风险（杨继军和范从来，2015；唐宜红和张扬鹏，2020；崔连标等，2018），也提出了 GVCs 与国内价值链（National Value Chains，NVCs）互动的改进方案（盛斌等，2020），但是整体思路和分析框架还是以发达国家为主导的、以 GVCs 为主体的价值链重构方案，离直接指导应用于新兴经济体制造业价值链升级还有一段距离。（2）对价值链升级模型的探索仍然停留在"微笑曲线"和"二元驱动"模型阶段（Gereffi，1999；张辉，2006），将价值链两端作为高附加值环节和核心环节，并以此作为制造业升级的方向，忽略了产业融合和科技革命后高附加值环节和关键节点在价值链非传统位置产生的可能。（3）在升级路径绩效评价方面，以升级路径的定性描述和变量间回归分析为主（张辉等，2017；洪俊杰和商辉，2019），缺少基于测算结果的 GVCs、RVCs（Regional Value Chains，区域价值链）和 NVCs 升级路径效果的直观比较分析，尚未统筹把握中国制造业价值链升级路径，进而尚未形成细分行业和不同分工环节的优化建议。

首先，本书尝试提出新兴经济体自我主导的价值链升级路径。从包括中国在内的新兴国家制造业升级的角度思考这一问题，提出新兴经济体需要通过价值链转换构建自我主导的"一带一路"区域价值链、打造"主场全球化"以抵消发达经济体的非对称优势，适应当前外部发展环境的变化。坚持自主可控、安全高效，推进产业基础高级化、产业链现代化。其次，本书以"微笑曲线"和"二元驱动"模型为参照，提出价值链混合主导型价值分配模型。本书将

40 个经济体的嵌入位置连接起来，形成产品生产序列，对应分工地位序列后显示，存在同一条价值链中多个环节共同主导的新模型，并将这类模型称为价值链混合主导型价值分配模型。最后，本书提出 GVCs 参与度波动时"主场全球化"升级路径相对"客场全球化"升级路径更加稳健，从嵌入全球价值链到主导区域价值链将产生实际贸易利得提高、产业高端化发展等积极影响等观点。世界主要经济体 GVCs 参与度由升转降时，学习效应消失引起技术进步受阻，以 NVCs 和 RVCs 作为主要升级路径的企业相较于借助 GVCs 升级的企业基本工资和劳动生产率增长更加稳健。另外，能够利用多条升级路径、联通国内国际循环的企业，价值链升级更加顺利。

# 目 录

# 第一章　导论

2018 年，联合国认证中国是全球唯一拥有所有工业门类的国家，"十四五"规划进一步确立深入实施制造强国战略。优化和开拓价值链升级路径，对于制造强国目标的达成具有重要的理论意义和现实意义。

## 第一节　优化和开拓中国制造业
## 价值链升级路径的背景

### 一　全球价值链分工下诞生价值链升级

古典经济学将劳动力成本作为国际分工的主要依据。20 世纪初，新古典经济学派将劳动力这一单一要素拓展为多要素视角，要素成本比较成为产业间贸易的基础。70 年代以来，对产业内贸易的研究兴起，以克鲁格曼为代表的一批经济学家提出了新贸易理论，并以规模经济和集聚经济作为国际分工的决定因素。90 年代兴起的新新贸易理论更将企业异质性引起的竞争基础性差异作为国际分工的基础。

进入 21 世纪，信息技术、模块化生产方式和国际物流迅猛发展，国际分工的形式和基础条件发生深刻变化。中间产品交易费用降低，产品各价值环节在时间、空间上不再密不可分，后一价值单元的运行无须依赖前一价值单元的进度。任务贸易（Trade in Tasks）取代产品贸易（Trade in Goods），成为国际分工的主要形式（Grossman and Rossi-Hansberg，2008）。世界投入产出数据库（World Input and Output Database，WIOD）的数据显示，2011 年世界最终产品出口仅为总出口的 33.17%。从原材料到最终产品的价值创造过程中，产品平均穿越国界 2.5 次（Antràs et al.，2012），国际分工深化和"世界制造"的趋势日益明显。具体表现为 IBM、福特等"现代企业"（Chandler，1993）逐渐放弃了将产品战略、研发、设计、制造、流通、销售、售后服务都纳入企业生产活动的垂直一体化生产方式，将发展重心转移到自身的核心竞争力环节或产业的核心环节，日本、韩国、中国台湾等国家和地区的企业结合自身竞争优势迅速嵌入价值链的其他环节，产品各生产环节在不同国家和地区之间的空间配置形成了 GVCs（Kogut，1985）。Arndt 和 Kierzkowski（2001）形象地用"碎片化"（Fragment）描绘了 GVCs 中各价值产生环节的垂直分离现象。这一全球范围内的产业组织演变，不仅深刻影响着企业命运、产业结构，而且将决定一国经济在经济全球化下是发展还是衰退（Gereffi et al.，2005）。参与 GVCs，被认为是避免在全球化进程中被边缘化的前提条件；沿着 GVCs 不断攀登，占据其中的高附加值环节，依次完成工艺升级、产品升级、功能升级和链条升级则被认为是确保国家竞争优势、实现经济高效发展的有效途径（Antràs，2020）。

**二 经济全球化下中国制造业参与 GVCs 的升级效果显著**

改革开放初期，我国人口多，底子薄，制造业发展面临资金短缺、资源不足的困扰。一方面，资金短缺、资源不足阻碍产业结构高级化，在 1953—1978 年的 25 年间我国基本建立了独立的、比较完整的工业体系，但是进一步向资本密集型和技术密集型制造业发展的过程中需要大量资金、资源。另一方面，资金短缺、资源不足限制了中国工业化的进程，难以充分发挥我国的劳动力要素禀赋优势。数以亿计的农业剩余劳动力进入工业部门需要大量资金、资本和资源装备。恰逢 20 世纪 80 年代发达国家将 GVCs 中的组装、加工环节向劳动力成本低的国家或地区转移。中国制造业抓住这一机遇，利用劳动力要素成本优势参与GVCs，开展"两头在外，大进大出"的加工贸易，通过国际市场和资源将国内劳动力这一生产要素兑现为所需资金，支持我国制造业从低技术产业向高技术产业发展。

加工贸易是我国参与GVCs分工的重要方式。海关总署将加工贸易定义为经营企业进口全部或者部分原辅材料、零部件、元器件、包装物件，经加工或装配后，将制成品复出口的经营活动。进入21世纪，经济全球化不断向前，中国加入WTO后GVCs参与度持续上升，加工贸易总额从2001年的2414.3亿美元增长至2018年的12675.5亿美元。在加工贸易总额快速上升的同时，制造业产业结构高级化趋势明显。改革开放初期，来料加工、进料加工等劳动密集型加工贸易方式占比达到70%以上。加入WTO后，计算机、电子和光学产品制造业及机械和设备制造业等高技术产业取代纺织品、服装和皮革制品制造业成为加工贸易中占比最高的行业，加工贸易的主要形式也变为装配业务和协作生产。2006年，国际金融危机前夕，劳动密集型行业占比已经下降至20%以下，笔记本电脑和手机产量跃居全球第一。可见，参与GVCs不但使中国制造业规模迅速扩张，消化了过剩农业劳动力，实现了农业国的工业化，而且在制造业内部细分行业完成了从低技术产业向高技术产业的转型。

通过参与GVCs，中国制造业呈现出一定的价值链升级效应。外资企业相对本土企业平均生产率更高，技术溢出效应成为本土企业技术进步、效率提升的重要渠道；同时，外资企业对高规格零部件的要求将倒逼上游的本土企业转型升级（李宏和刘坤，2016）。学习效应使中国制造业产品工艺、质量显著提升，出口国内增加值率从刚加入WTO的60%上升至目前的70%以上。中国制造业在展现出GVCs工艺升级和产品升级特征的同时，在功能升级方面也有所突破，从发展组装加工起步，逐步开拓提升生产制造能力，形成了众多的工业园区、经济开发区。这些工业园区从最初承担GVCs的组装加工环节，发展到具有较强国际竞争力的制造业产业集群，承接 GVCs 的制造、流通等多个环节。2018 年，经联合国认证，中国是全球唯一拥有所有工业门类的国家，包括 41 个工业大类，191 个中类，525 个小类。一个制造业厂商在中国打半个小时电话就能完成的订单配套工作，在其他国家可能要半个月。随着中国制造业的竞争优势从单一产品和 GVCs 单一分工环节发展为跨行业和多环节的竞争优势，海外媒体惊呼中国已成为"世界工厂"，并时刻警惕中国制造业完成链条升级，进而参与 GVCs 治理。

### 三 全球化逆流下中国制造业价值链升级障碍

经济全球化下中国制造业 GVCs 分工地位持续上升，与世界主要发达国家的差距不断缩小。2010 年后，"中国威胁论"甚嚣尘上，针对中国制造业的贸易争端和摩擦事件持续上升。仅 2014 年美国针对中国纺织品与皮革业的贸易制裁法案就超过 150 件、针对机械与设备制造业的制裁法案超过 80 件。持续增加的制裁法案使 GVCs 参与度由上升转为下降，借助 GVCs 后向参与路径实现的技术溢出和学习效应逐渐消退。来自世界大型企业联合会（The Conference Board）的测算结果也显示，代表资源配置效率、技术创新和产业升级的全要素生产率（TFP）对我国劳动生产率的贡献已从 1978—1994 年的 46.9% 下降至 2010—2015 年的 28%。

2018 年以后，中美贸易摩擦，在新冠疫情暴发后各国严守国门，制裁打压事件频发，使 GVCs 参与度进一步下降，GVCs 这一价值创造网络和价值链升级路径是否会就此终结？令人担忧。个别国家更是通过贸易、投资、金融和科技全方位脱钩的方式打造新的竞争壁垒，阻止中国制造业完成价值链升级、占据 GVCs 的研发设计环节。一方面，禁止美国政府购买中国企业的产品。例如，通过《2021 年美国创新与竞争法案》《无尽前沿法案》，促进美国半导体生产、人工智能以及其他技术发展，以对抗中国日益增长的影响力。法案提出一系列制约中国的措施，包括禁止美国政府机构采购全球最大商用无人机制造商大疆的产品、禁止联邦雇员使用 TikTok。

另一方面,以国家安全为由禁止全球核心零部件进入中国。例如,美国频频通过长臂管辖,阻止荷兰 ASML 光刻机、瑞士高精度机床出口中国,阻止中国台湾代工芯片出口中国大陆,试图将全面脱钩的范围从个别国家或地区拓展至全球。

在高技术环节打造竞争壁垒的同时,贸易摩擦使我国在传统制造业和 GVCs 生产制造环节的固有比较优势开始弱化。近年来,人口老龄化和环境污染问题凸显,要素成本优势越来越难以支撑中国经济持续高速增长。2006 年后,中国低技术劳动力的工资已经超过周边发展中国家,新的"工资洼地"使中国在"逐底竞争"(Sinkovics et al.,2014)中失去优势,存在被挤出 GVCs 的风险。自美国加征中国关税后,本就不具备竞争优势产品的成本进一步上升,从2019 年开始,ICT 设备、家具、服装等行业已经被迫将输美产能转移至关税更低的墨西哥、越南、泰国等地,已经取代和分流了中国对美国年均约 1200 亿美元的出口商品。

"低端锁定"与"挤出"风险的同时出现开始倒逼中国制造业开辟其他价值链升级路径:"坚持自主可控、安全高效,推进产业基础高级化、产业链现代化,保持制造业比重基本稳定,增强制造业竞争优势,推动制造业高质量发展"成为"十四五"时期中国经济发展的主要任务和目标。发达国家为了控制 GVCs,保持对于发展中经济体的非对称优势,不会轻易允许发展中经济体涉足高附加值环节(Fernández,2015)。在 GVCs 分工发展成为国际分工主导形式(Baldwin and Lopez-Gonzalez,2015)、产业转型升级成为国内外学者关注焦点的背景下,中国制造业向 GVCs 的哪一环节转型,才能避免被"挤出"GVCs?是否存在 GVCs 以外的升级路径,有助于中国制造业摆脱发达国家的"俘获""锁定"?中国制造业各细分产业面临多条升级路径时,依据什么原则选择升级路径?上述议题均有待深入研究。

# 第二节 优化和开拓中国制造业
# 价值链升级路径的意义

## 一 优化和开拓中国制造业价值链升级路径的必要性

在理论研究层面，从价值链分工角度研究产业升级路径，既可以进一步丰富产业升级的内涵，又可以扩展 GVCs 研究的视角。一方面，传统意义上的产业升级仅反映产业结构系统从较低级的形式向较高级形式的转换过程，配第一克拉克定理以及农业国工业化思想（张培刚，1949）都是对这一概念的经典阐释。当分工深化到产品内部后，技术产业内出现了富士康、英业达等专门从事组装、加工等低附加值活动的企业，传统产业中也有孟山都、耐克等致力于高附加值环节的企业，仅以三次产业比例作为产业高度的划分标准，难以准确评价 GVCs 分工下的产业升级。基于 GVCs 分工研究产业升级路径，是对产业升级理论的拓展和延伸。另一方面，当前以 GVCs 为主题的研究进展主要集中于两类：一类基于 Koopman 等（2008，2010，2012）构建的出口增加值来源框架，测算各经济体贸易利得和分工地位；另一类研究试图从理论上理解 GVCs 分工（Grossman and Rossi-Hansberg，2012；Antràs and Chor，2013；Costinot et al.，2013），寻找不同分工任务发包给特定国家的决定因素。上述研究在揭示中国处于 GVCs 低端后，并未涉及提升分工地位、实现产业升级的具体路径。本书基于 GVCs 分工研究产业升级路径，是对 GVCs 已有研究主题的延伸。

在策略设计方面，本书站在新兴经济体的角度重新分析相关文献，探讨新兴经济体 GVCs 升级受阻的影响、原因与对策，是对过往 GVCs 分析着重总结发达国家治理经验的补充，也是对"穷国"如何提升分工收益、分工地位这一命题的总结归纳。本书解释 GVCs 分工下产业升级路径选择行为，有利于提高中国制造业在

GVCs中分工收益和主导权。长期以来，中国制造业都是GVCs的参与者，"低端锁定"和"悲惨增长"是我国在GVCs中分工收益低下、缺乏主导权的突出表现。GVCs升级的直接结果是GVCs分工地位的提升，突出表现正是增值能力和控制能力的提升。本书旨在解释外部环境变化后的价值链升级路径选择行为，明确中国制造业升级方向，优化我国制造业的升级路径。这对于提升中国制造业的增值能力，扭转我国长期处于GVCs低附加值环节的困境，促进人均收入增加，保障国民经济平稳增长具有重要意义。一旦中国制造业转型升级成功，迈向价值链的中高端环节，成为国际分工中难以取代的一环，将实现"参与者"向"治理者"的身份转换，这对于缓解挤出风险，提升价值链主导权具有现实意义。

本书同时强调制造业细分产业升级路径的差异，能够优化升级路径，巩固我国在GVCs中的话语权。不同产业的价值链条有不同的游戏规则，装备制造、机械加工产业升级强调的是技术能力和生产能力；服装、制鞋业则应将重心放在品牌价值的提升与销售渠道的构建上，试想技术领先的波音公司把发展重心放在销售渠道上，沃尔玛转而专注技术能力的提升，这些企业将逐渐丧失对价值链的控制，分工地位也随之下降。基于同一升级路径难以适应所有产业发展的假设，本书寻找并归纳价值链主导环节与升级方向、增值方式；分析国际竞争力与升级路径竞争强度的匹配关系，以期真正找到适合各产业的升级路径。应避免升级方向偏离价值链主导环节，产业国际竞争力与升级路径竞争强度错配后掣肘制造业转型升级导致分工地位下降和GVCs话语权丧失。

**二 优化和开拓中国制造业价值链升级路径的实践意义**

（一）有利于识别中国制造业在GVCs中的真实处境，判断"低端锁定"与"挤出效应"，以应对可能的挑战和机遇

大量文献仍将"低端锁定"视为中国制造业在GVCs的主要风险，部分文献提到了"挤出效应"，研究方法以中国取代巴西、印度、东南亚国家获得中国订单等案例分析为主。利用计量、统

计方法消除统计幻象，本是 GVCs 分析的一大优势，在分析"挤出效应"时却难以发挥。这源于"挤出"意味着原有的竞争优势不再，需要深入分析竞争优势的来源做出判断，即诱因分析。传统增加值核算直接呈现国际竞争的结果，哪些因素促成了这一结果无从知晓。本书认为，无论"低端锁定"还是"挤出效应"，都是中国制造业在某一领域 GVCs 竞争力乏力的表现形式，当劳动力供给充足、资源丰富而技术相对落后时，嵌入 GVCs 低附加值环节是明智的选择，"低端锁定"效应明显；当转型升级不断推进，更多的劳动力从低技术领域进入高技术领域时，工资成本上升，中国制造业对 GVCs 低端环节的统治力将下降，"挤出效应"随之产生。如何洞悉制造业竞争优势的变化趋势，从而识别和理解"低端锁定"或"挤出效应"，抑或全新的 GVCs 竞争力表现形式？本书将就业、工资作为劳动力成本、技术水平等竞争优势的代表变量，考察中国制造业是否具备长期在某一分工环节站稳脚跟的条件，以竞争优势的变化从源头对"低端锁定"和"挤出效应"做出判断，比直接测算增加值贸易利得或产品复杂度具有更强的解释能力。

（二）有利于"以我为主"地制定贸易、产业政策

本书及时关注中美关税问题、"毒丸条款"等 GVCs 升级障碍问题。选择中美贸易摩擦这一实际"脱钩"行动为研究对象，调查了近期对中国生产的商品征收的关税是否会导致现在位于中国的加工贸易制造厂迁移到美国。为了适应当前保护主义持续上升、少数国家打压层层加码的情境变化，丰富了就业、收入指标极限承压水平的测算方法，进而"以我为主"地制定贸易、产业政策。分析中国就业、收入在不同关税水平下可能面临的冲击来自哪些国家、涉及哪些行业，以利于提前布局贸易救济、反制措施。沿着这一分析框架，可以延伸至外贸以外投资、金融与科技领域的极限承压水平评估，以便强化底线思维，主动补强重大风险领域，稳定中国制造业就业、收入。

（三）有利于识别价值链非传统位置的高附加值环节和关键环节，优化 GVCs 升级路径

施振荣和林文玲（2005）的"微笑曲线"、Gereffi 和 Korze-niewicz（1994）的"二元驱动"是描述分工位置与增值能力关系的经典模型，而更高效的生产和生产附加值更高的产品是 GVCs 升级的应有之义，是一国 GVCs 分工地位提升的集中体现（Humphrey and Schmitz, 2002），所以上述理论也被用于指导 GVCs 嵌入位置与产业升级的关联分析。两种模型都认为价值链上游或下游环节具有更高的分工地位，本书据此认为存在上游环节主导产业和下游环节主导产业。但生产工艺的发展和技术的更迭使电子与光学设备制造业的"价值洼地"——组装加工环节，出现了封测等高附加值环节，已有模型的解释力度受到挑战。张辉（2006）也指出，在 GVCs 的片段化过程中出现了许多"枢纽环节"，这些环节利润不菲，但链条的治理者对其控制能力很有限。

因此，中国制造业可以率先在 GVCs 链主控制薄弱的环节"弯道超车"，确立国际竞争新优势，进而实现 GVCs 升级路径自主可控、安全高效。同时，价值链非传统位置成为核心环节也提示我们，制造业细分产业转型升级方向的选择对产业发展前景以及国际竞争力构成重要影响，在规划制造业升级方向时，不应盲目照搬或推广某一产业的升级经验，应结合产业特征，在识别价值链内主导环节的基础上，将其作为价值链升级的风向标。

（四）有利于与新兴经济体优势互补，掌握价值链的高附加值环节，主导"一带一路"RVCs

习近平总书记于 2013 年提出了建设"新丝绸之路经济带"和"21 世纪海上丝绸之路"的倡议构想，即"一带一路"倡议。"一带一路"沿线地区以发展中国家和新兴国家为主，人口和经济总量分别占全球的 63% 和 29%，自然资源丰富，但是缺少资金、技术和管理经验。中国制造业经过几十年的技术、资金积累，已经具备了成熟的生产能力和一定的研发能力，能够从事加工、组装以外的高

附加值环节（Kaplinsky and Farooki，2011）。而且，这些国家在地理上与中国邻近，具备了形成 RVCs 的关键要素。所以，和以往对外开放加入 GVCs 的发展战略不同，"一带一路"倡议下推动的 RVCs，不是通过引进外资、技术和管理经验来发展自己，而是通过输出资金、技术和管理经验，推动周边国家的发展和繁荣，从而带动中国自己的经济转型升级和区域发展再平衡（贾庆国，2015）。中国若能同周边新兴国家组成 RVCs，将有机会从 GVCs 中的技术落后方转换为 RVCs 中的相对技术先进方，接触甚至控制价值链的中高端环节，通过主导 RVCs，达成我国制造强国的目标。若"一带一路"倡议在经济上可行，中国将从嵌入欧美日主导的 GVCs 转换为自我主导的 RVCs。这一转变对于中国制造业摆脱发达国家的"俘获""锁定"，降低"挤出效应"，实现科技自立自强具有重要意义。

（五）有利于从"客场全球化"升级路径向更加稳健的"主场全球化"升级路径转换，发挥国内超大规模市场优势

世界主要经济体 GVCs 参与度由升转降时，学习效应消失造成技术进步受阻，以 NVCs 和 RVCs 作为主要升级路径的企业相较于借助 GVCs 升级的企业，基本工资和劳动生产率的增长更加稳健。中国和美国作为 RCEP 和 G7 价值网络中制造业总投入规模最大的经济体，在 RCEP 和 G7 中分别拥有最稳定的产业链国际循环。虽然日本的制造业产品复杂度仍然大于中国，但是 2009 年制造业总投入规模被中国超越后，在 RCEP 区域价值链中的稳定性和重要程度也随之被中国超越。因此，有必要提出、落实相应措施释放我国内需潜力，发挥国内超大规模市场优势。为了提高产业链稳定性和现代化水平，实现第二个百年奋斗目标，我国应牢牢把握扩大内需这一战略基点，提出"充分发挥我国超大规模市场优势和内需潜力"，"逐步形成以国内大循环为主体、国内国际双循环相互促进的新发展格局"。新发展格局这一顶层设计直面"两头在外"这一"客场全球化"发展格局（刘志彪，2021）过度依赖

西方市场，产业链供应链核心环节受制于人，"卡脖子""掉链子"问题频出的缺陷，有利于我国打造"世界需求中心"，以国内市场带动企业参与国际循环，支撑以我为主、安全高效的产业链供应链体系形成。

# 第二章 新兴经济体如何进行价值链升级

本章以文献综述的方式，从新兴经济体的角度探讨升级受阻的影响、原因与对策，是对过往全球价值链研究着重总结发达国家治理经验的补充，也是对"穷国"如何提升分工收益、分工地位这一命题的拓展。（1）从产业间分工到产品内分工，国际分工不断深入，层层递进引出价值链升级的概念。（2）从"低端锁定"和"挤出效应"两方面分析价值链升级受阻对新兴经济体制造业的主要影响。（3）从治理能力和升级"含金量"两方面分析新兴经济体较快完成工艺升级和产品升级后，在功能升级和链条升级阶段受阻的原因。（4）总结与分析新兴经济体在价值链升级过程中的经验教训，梳理 GVCs 以外其他价值链升级路径作为新兴经济体升级受阻后的备选方案。

## 第一节 国际分工深化与产业升级的新内涵

### 一 产业间分工与产业结构升级

产业间分工是古典经济学和新古典经济学重点讨论的问题。最早的产业间分工和贸易原则源自亚当·斯密（1776）提出的绝对优势理论：如果各经济体均有一种绝对生产成本低于其他经济体的产品，专业化生产和出口这种产品，进口绝对成本不是最低的产品，通过分工和贸易能够增加各经济体的收益。这一分工原则在强调产品分工带来收益的同时，未能指出绝对生产成本均不占优势的经济体路在何方。在绝对优势理论的基础上，大卫·李嘉图等（1817）提出比较优势理论：当一个经济体同其他经济体相比，所有产品的生产成本都不具备绝对优势，也可以致力于生产那些不利较小的商品，通过国际贸易取得收益。这一产品分工原则拓展了国际分工的范围，展示了劳动生产率处于劣势的经济体获得分工利益的可能性。

后发经济体为了获得更多的分工收益，需要设法进入收入更高的部门，构成产业升级的动力。配第（1690）也指出，产业间相对收入差异会吸引劳动力从低收入产业向高收入产业转移。新兴经济体农业部门的劳动生产率最初高于制造业，依据比较优势理论，为了获得分工利益，会发挥比较优势、致力于农产品生产，劳动力无法进入高收入产业。此时，产业间劳动生产率高低变化成为产业升级的前提，当制造业劳动生产率大幅上升并超过农业部门时，农业部门的劳动力得以成功地向制造业部门转移。经济进一步发展，服务业的劳动生产率超过制造业时，劳动力转移至服务业。科林·克拉克（1940）调查40多个经济体三次产业的投入产出资料后，将这一演进趋势归纳为"配第—克拉克定理"，即随着经济发展，第一产业劳动力比重不断下降；第二产业和第三产业劳动力比重顺次上升。库兹涅茨（1941）进一步完善了"配第—克拉克定理"，将三次产业确定为"农业部门""工业部门"和"服务业部门"；增加三次产业国民收入比重这一度量指标，呈现产业结构变化的总体趋势和规律；提出比较劳动生产率的概念，用以反映劳动力就业与产业国民经济贡献相偏离的概念。基于20多个经济体的数据，他提出库兹涅茨法则：随着经济发展，农业部门的国民收入在整个国民收入中的比重和农业劳动力在全部劳动力中的比重均处于不断下降之中；工业部门的国民收入比重大体上升，劳动力比重大体不变或略有上升；服务部门的劳动力比重保持上升，国民收入比重大体不变或略有上升。另一类产业结构演变理论针对工业部门做了具体研究。霍夫曼定律（1969）总结了工业化进程中资本资料工业比重不断上升最终超过消费资料工业比重的演变规律。张培刚（1949）的农业国工业化思想直接指出农业国家经济起飞，必须全面实行工业化。上述产业结构演变理论揭示了国民经济重心变化的一般规律，蕴含着产业结构从低级形态向高级形态转变的升级过程。

产业结构升级理论指明了发展何种产业、具备怎样的国民经济结构对应更高的国民收入；比较优势理论主张的国际分工格局为各经济体专业化生产、出口和进口的产品种类提供了选择依据，研究了国际贸易体系中各国产业选择的问题。经济体之间、产业之间劳动生产率的差异将两种理论联系在一起，即提升高收入部门的劳动生产率，有利于后发经济体运用比较优势理论，促进产业结构升级。经济体间生产率产生差异的成因在比较优势理论中未作说明，也就无法把握国际分工格局形成、发展和变化的整个过程。

新古典贸易分工理论的代表人物赫克歇尔（1919）和俄林（1935）以比较优势理论为基础，引入劳动以外的资本、土地和技术等多种生产要素，提出要素禀赋理论（H-O）。这一理论将不同经济体要素禀赋差异作为国际分工产生和比较成本差异的决定因素，解释了要素生产率差异的成因。每个经济体利用自身相对丰富的生产要素从事商品生产，就处于比较有利的地位，而利用相对稀少的生产要素从事商品生产，就处于比较不利的地位，因此，各经济体在国际分工中趋于生产该经济体相对丰裕和便宜的要素密集型商品，进口该经济体相对稀缺和昂贵的要素密集型商品，以提高各类生产要素的利用效率。

此时，产业间分工原则从选择生产比较成本最低的产品，转为充分利用本国相对丰裕的生产要素，生产便宜的要素密集型商品。Porter（1990）认为，当后发经济体资本（包括人力和物质）相对于劳动力的丰裕程度超过其他经济体时，后发经济体将建立资本密集型产业和技术密集型产业的比较优势。Porter 的升级理论与三次产业演变规律相比更具有指导意义，明确指出后发经济体寻求产业升级时需要积累高级生产要素，逆转初始要素禀赋，直到资本的相对价格形成比较优势（Porter，1985）。

## 二　全球价值链分工与价值链升级

一般认为，GVCs 研究起源于 Porter（1985）的价值链学说，经 Gereffi（1999）整合产业组织和全球化的内容发展为全球商品链理论（Global Commodity Chains，GCCs）。基于 GCCs 理论，联合国工业发展组织（2002）提出了 GVCs 的概念：为实现商品或服务价值而连接生产、销售、回收处理等过程的全球性跨企业网络组织，涉及从原料采集和运输、半成品和成品的生产和分销，直至最终消费和回收处理的整个过程。它包括所有参与者和生产销售等活动的组织及价值、利润分配。当前，散布于全球的、处于 GVCs 上的企业进行着从设计、产品开发、生产制造、营销、出售、消费、售后服务、最后循环利用等各种增值活动。

这一概念不仅描绘了产品内部各环节垂直分离的"碎片化"（Fragmentization）现象（Arndt and Kierzkowski，2001），也蕴含着高附加值环节和低附加值环节的空间配置问题（Krugman，1980，1991）。国际分工深化的动因和企业内生边界因此成为学者理解GVCs 分工时面临的主要问题。斯密早在《国富论》中就指明了分工和专业化生产可提高劳动生产率，带来国民财富增长。Young（1928）系统整理斯密的分工思想后，提出斯密—杨格定理，即市场规模扩大促进分工和专业化，引致劳动生产率提高，带来技术进步和经济增长；经济增长进一步扩大市场规模，促进分工深化。基于上述经济增长模型，Krugman（1979）和 Helpman 等（1985）将产业内贸易（Intra-Industry Trade）这一分工深化现象，解释为调节规模经济和消费者偏好多样性两难冲突的选择。当分工进一步深入产品内部各工序环节，企业规模变化、价值链环节分离和保留的判断标准等企业边界问题成为研究焦点。以杨小凯和黄有光（2009）为代表的新兴古典经济学派将斯密和杨格的分工和专业化观点结合交易费用和契约理论（科斯，1937；张五常，1983），权衡专业化生产提升的收益和交易环节、次数增加后上升的成本，确定价值链在企业内部断裂和存续的位置，较好地解释了企业规模变小、生产外包、合约出让和贴牌生产等 GVCs 分工现象。当今对于 GVCs 分工的理论研究，也未能超出这一框架。Grossman 和 Rossi-Hansberg（2012）构建的一般均衡模型显示，交易成本最高的环节会保留在企业内部；在垂直分离的环节中，交易成本越高的分工环节会配置到生产效率、工资更高的国家，以满足 GVCs 分工的基本条件。Costinot 等（2013）将工人技术水平、基础设施和合约执行力等衡量专业化水平和交易成本的指标一般化为企业在某一分工环节犯错的概率，错误概率最小的经济体将从事犯错代价最高的环节，说明高交易成本环节与经济体专业化水平的对应关系。代表绝对优势的专业化水平成为经济体占据 GVCs 分工环节的原因。新新贸易理论中企业内生边界理论的主要代表 Antràs 等（2012）在研究 GVCs 分工时同样引入契约理论，分析企业在外包和垂直一体化生产间的抉择。他们构建的模型分别指出了"互补型"价值链和"替代性"价值链的所有权分离位置。

随着学者对 GVCs 分工理解的不断深入，出现了价值链视角下的产业升级定义。Gereffi（1999）认为，产业升级意味着企业或经济体从仅仅涉足组装加工等劳动密集型环节，到具备生产、制造整个产品链条的能力，再到控制价值链中资本、技术密集型的流通、设计环节的过程。完成产业升级后，企业或经济体能在新产品、新服务中取得突破性创新，具备完善的市场渠道和金融体系。依据 Gereffi 的定义，升级不再表现为专注于技术、资本密集型产业，而是控制产业中的技术、资本密集型环节。嵌入 GVCs 分工体系、实现专业化生产，成为价值链视角下产业升级的必要条件。同时，升级过程发生在产品的各分工环节之间，后发经济体有了成熟经济体的发展经验，升级目标明确，沿着一条相对固定的轨迹向上攀升，而不是一组技术、资本密集型分工环节的随机集合。Poon（2004）指出 Gereffi 等（2005）对产业升级的理解片面强调了 GVCs 分工的作用，忽略了政府机构的影响，他以中国台湾 IT 产业的发展历程为例提出了进一步升级（Further Upgrading）的概念。经济体借助GVCs分工完成初步升级后，面临低成本竞争者的威胁和GVCs治理者的打压，在政府机构的帮助下，克服升级障碍，最终实现分工环节由低附加值环节向高附加值环节转换的过程。这里的高附加值环节不再局限于一条价值链内部，企业或经济体可以为了追求更高的分工利益，跨越不同价值链。Humphrey 和 Schmitz（2002）也曾指出 GVCs 分工下的产业升级包括链条内部和链条间两种类型，具体分为四个阶段：工艺升级、产品升级、功能升级和链条升级，分别作用于分工环节、单个产品、部门内层次和部门间层次，他们将这一升级过程命名为价值链升级。价值链升级的直接结果是促进经济体 GVCs 分工地位的提升，不再完全服从于初始要素禀赋决定的分工格局，力求在附加值更高、控制力更强的环节形成绝对优势，最后在有利的分工体系下发挥比较优势，实现价值链的治理和主导，突出表现为增值能力和控制能力的提升。在工艺升级和产品升级阶段，产品复杂度提高、种类更丰富、质量更可靠，经济体由价值链中附加值较低的环节向附加值较高的环节升级（Gereffi and Kaplinsky，2001），增值能力显著提升；在功能升级阶段，经济体由价值链中的非核心模块转化为核心模块，反映为与上下游环节联系的密切和重要技术、渠道的掌握；进行链条升级的经济体是 GVCs 的治理者，升级至此意味着经济体已经扭转原先不利的分工格局，从低附加值的边缘环节专业化生产攀升至高附加值的链条核心环节，俘获、锁定着大量跟随国家与其一起进行价值链条间的跨越，具有最强的增值能力和控制能力。增值能力和控制能力是决定经济体分工地位高低的两个条件，所以，GVCs 框架下产业升级的过程即分工地位提升。可见，无论是价值链的升级还是分工地位的提升，共同传达的信息是一个经济体嵌入 GVCs 后获得附加值的多少、重要程度的高低。

　　本章从新兴经济体的角度重新分析相关文献，探讨新兴经济体价值链升级受阻的影响、原因与对策，是对过往 GVCs 分析着重总结发达国家治理经验的补充，也是对"穷国"如何提升分工收益、分工地位这一命题的总结和归纳。

# 第二节 新兴经济体价值链升级受阻的影响

新兴经济体长期受阻于价值链升级的功能升级和链条升级阶段，国内学者认为这是被"俘获""锁定"于 GVCs 低端环节的表现（刘志彪和张杰，2009），"低端锁定"也被视为新兴经济体价值链升级受阻的主要影响。"俘获""锁定"观点有产业升级受阻的含义，同时也意味着中国制造业可以持续从低附加值环节获得分工收益。但是近年来，有些国家试图通过减税、放松监管等措施吸引海外企业回流，重振本国制造业；加之更多后发经济体被纳入 GVCs，GVCs 低附加值环节的竞争者骤增。继续以"俘获""锁定"等静态的眼光看待新兴经济体价值链升级受阻的影响，已经难以完全描述代工企业撤离这一全新经济的现象。在梳理文献时，这一部分既阐述了升级受阻后的"俘获""锁定"效应，也归纳了新兴经济体在低附加值环节竞争力下降后面对的"挤出"效应。

## 一 低端锁定与悲惨增长

GVCs 分工对新兴经济体产业升级的经验研究始于案例分析。Humphrey（2004）通过案例分析提出，在购买者驱动的 GVCs 中，发达国家的全球采购商愿意帮助发展中国家的某些企业提升技术能力，这些企业往往在生产成本和稀有资源的可获得性上具有比较优势，将它们整合进 GVCs 后带来的收益大于提供技术援助的支出。在生产者驱动的 GVCs 中，跨国公司主要以海外直接投资的方式完成对当地企业的控制，这一过程产生的正向技术溢出效应将促进当地企业的技术进步（Javorcik，2004）。新兴经济体的制造商在 GVCs 治理者的指导下，改善生产工艺、加快响应速度，具备持续提供高质量产品的能力。这一升级效应在刚刚进入 GVCs 的经济体中表现得格外显著

（Schmitz and Knorringa，2000）。第二次世界大战后，日本、韩国的成功升级经验也表明，GVCs 内确实有一条从代工加工（OEM）到设计研发（ODM）再到品牌运营（OBM）的升级轨迹（Hobday，2005）。但多数新兴经济体价值链升级受阻的经历说明，上述技术进步与产业升级方式存在明显的缺陷，Giuliani 和 Bell（2005）研究了拉丁美洲产业集群嵌入 GVCs 后在产业升级方面的表现，研究结果表明，全球采购商为了确保产品的质量和交货时间将加快拉美企业的产品升级与工艺升级过程，同时为了保证自身在 GVCs 中的竞争优势与领导地位，将限制当地企业进行功能升级。中国企业在嵌入 GVCs 时也遇到了类似的问题，国内学者对宁波 122 家服装代工企业的调查问卷反映，仅有两家升级至 ODM 阶段（闫国庆等，2009）。张立冬等（2013）对江苏地区制造业的最新调研同样显示，当地制造业企业嵌入 GVCs 后难以向 GVCs 高附加值环节转型升级，在低端环节长期停滞不前。有学者认为，中国本土企业有可能被国际大买家"俘获"或"锁定"于 GVCs 的低端环节（刘志彪和张杰，2009）。

　　如价值链升级定义所述，价值链升级的直接结果是促进经济体 GVCs 分工地位的提升，突出表现为增值能力和控制能力的提升。"低端锁定"是控制能力不足的突出表现，另一部分学者从增值能力的角度评价价值链升级对新兴经济体产业升级的影响。卓越和张珉（2008）统计的 1994—2007 年中国纺织业出口总额和实际出口价格，呈现"量增价跌"的态势，这与价值链升级提升增值能力的初衷相违背。他们将中国代工企业出口总量大幅增长，人均收入、技术水平提升缓慢的现象称为"悲惨增长"。"量增价跌"与"悲惨增长"源于垂直专业化（Hummels et al.，2001）的加深与贸易幻象（Rodrik，2006）的放大。Krugman 等（1995）解释全球贸易增速快于 GDP 增速时指出，价值链被"切片"后，各价值环节在不同国家或地区进行空间配置，嵌入 GVCs 各经济体专注于一个或几个环节，仅获得这些环节的增加值。分工细化伴随着中间产品贸易规模以及跨境次数的显著增加，全球贸易额年年攀升，中国香港、新加坡等的出口额已经超过 GDP 总额。

为了消除统计幻象，准确反映新兴经济体嵌入 GVCs 的实际分工收益，需要一种方法搭建从出口额统计口径到增加值统计口径的桥梁，完成总量分析向增量分析的转换。GVCs 增加值核算体系的经验分析发展历程如表 2-1 所示。2001 年 Hummels、Ishii、Yi（简称 HIY）在一系列严苛假设下，开创性地提出了垂直专业化（Vertical Specialization，VS）测量方法，成为增加值核算体系的基础。随后，得益于 Wang 等（2009，2013）、Johnson 和 Noguera（2012）、Stehrer（2012）、Koopman 等（2008，2010，2012）和 Timmer 等（2013，2015，2016）等研究的贡献，形成 TiVA（Trade in Value Added）和 KPWW 方法，各经济体的实际分工收益测算成为可能。国外学者基于上述方法的经验分析未点明"低端锁定"或"悲惨增长"，实际结果清晰显示了发展中经济体增值能力的不足。Koopman 等（2010）比较了两种统计口径下 40 个经济体的金属制成品行业 RCA（Revealed Comparative Advantage）指数，由总量口径向增量口径转换后，中国、印度等新兴经济体的竞争力大幅下降，欧美发达经济体的竞争力被显著低估。电子光学设备制造业和商业服务业的 RCA 指数测算结果也显示，中国制造业的 GVCs 分工利益被高估了（Wang et al.，2013；Lu，2017）。

国内学者基于 KPWW 和 TiVA 方法针对性地实证检验了中国制造业嵌入 GVCs 后的"低端锁定"命题。第一阶段的研究以 GVCs-Position 指数为核心指标评价分工地位（周升起等，2014；王岚，2014；岑丽君，2015），得到中国制造业在 GVCs 中整体分工地位低、增值能力弱的结论。上述学者将 1995—2009 年中国制造业分工地位变化轨迹描绘成"L"形或"V"形曲线，反映嵌入 GVCs 后中国制造业朝着低附加值环节发展、升级困难的局面，以经验分析支持了刘志彪和张杰（2009）"低端锁定"的观点，这一"锁定"效应在中、高技术产业表现得格外突出。后续研究发现，俄罗斯、巴西的 GVCs-Position 指数大于美国、日本；德国、意大利、法国的 GVCs-

表2-1　GVCs增加值核算体系的经验分析发展历程

| 作者（年份） | 研究样本 | 样本期 | 研究对象 | 研究方法 | 研究结论 |
|---|---|---|---|---|---|
| Hummels 等（2001） | 10个OECD经济体、4个新兴经济体 | 1970—1990年 | 垂直专业化水平 | HIY方法 | 成功求得国外增加值占总出口的份额，将其称为垂直专业化水平。14个经济体垂直专业化水平从1970年的21%上升至30%。各经济体垂直专业化程度占总出口的30% |
| Koopman 等（2008） | 中国 | 1997年、2002年、2007年 | 国内增加值 | KWW方法 | 测算中间贸易盛行的中国出口国内增加值。中国加入世界贸易组织后中间贸易比例由50%上升至60%，高技术部门总出口中国内增加值较低，电子设备制造业不足30% |
| Zhi Wang 等（2009） | 9个东亚经济体、美国 | 1990—2000年 | 分工收益 | WWP方法 | 将出口国内增加值分解为最终产品出口增加值和中间产品出口增加值。东亚新兴经济体在20世纪90年代嵌入东亚生产网络程度加深，中间产品经由其他亚洲经济体出口到美国的增加值显著增加 |
| Koopman 等（2010） | 26个经济体 | 2004年 | 分工位置 | KPWW方法5部分 | 提出了GVCs分工位置的测算指标GVCs-Position。在电子产品价值链中，日本、西欧和美国处于上游，为其他经济体提供元器件；中国、新加坡和东欧国家位于最下游，进口中间产品，出口最终产品 |
| Johnson 和 Noguera（2012） | 87个经济体 | 2001年 | 增加值出口 | TiVA方法 | 提出TiVA方法，将一个经济体生产而最终被其他经济体消费的增加值定义为增加值出口。国内增加值份额越高的经济体人均收入越高，以增加值核算出口后，发达经济体的分工收益被显著低估 |
| Stehrer（2012） | 40个经济体 | 1995—2009年 | 分工收益 | TiVA方法 VAiT方法 | 采用TiVA和VAiT方法计算一个经济体增加值的净值，果只与该经济体的净值出口总额相等，两种方法的测算结果不再一致。美国对中国的贸易总出口口径转换为增加值口径后，美国对中国的贸易赤字下降25%，欧洲对中国的贸易赤字上升27% |

续表

| 作者（年份） | 研究样本 | 样本期 | 研究对象 | 研究方法 | 研究结论 |
|---|---|---|---|---|---|
| Koopman 等（2012） | 26个经济体 | 2004年 | 分工收益、国际竞争力 | KPWW方法9部分 | 按来源分解国内增加值，找出重复计算的部门，搭建起贸易总值体系和国民经济体核算体系（增加值口径）的桥梁。应用KPWW方法测算的RCA指数和国际收支平衡显示，中国制造业的国际竞争力被低估，总量口径低估了欧美日制造业的国际竞争力 |
| Antràs 等（2012） | 美国、欧盟 | 2002年、2005年 | 分工位置 | 投入产出分解、回归分析 | 构建产业上游度指数衡量分工位置，回归分析显示制度质量更高、人力资源禀赋更高的经济体倾向于朝向GVCs下游发展 |
| Timmer 等（2013） | 27个欧洲经济体 | 1995—2011年 | 制造业竞争力 | TiVA方法 | 采用TiVA方法将制造业提供的最终产品按来源进行分解，得到制造业为本国带来的增加值和就业岗位，提出制造业GVCs收入和就业的概念。欧洲经济体竞争力最强的部门是机械设备制造业和交通运输设备制造业。这些部门更多地使用高技术劳动力，为服务业创造了大量就业 |
| Wang 等（2013） | 40个经济体 | 1995—2011年 | 分工收益、分工地位 | KPWW方法16部分 | 识别直接进出口，中间产品进出口，将国内增加值、进一步将国内增加值化水平和重复核算部分细分至16部分，进行了一系列应用性研究。中国最终产品占比偏高，中国制造业的垂直专业化水平显示，中国最终产品占比高，技术含量更高量低；日本、韩国和中国台湾中间产品占比高，技术含量更高 |
| Kee 和 Tang（2016） | 中国 | 2000—2006年 | 国内增加值 | 回归分析 | 合并工业企业数据库和中国海关数据库，用微观企业数据测算了中国的国内增加值，考虑产业异质性和中国加工贸易盛行的特点。2000—2006年，中国加工贸易国内增加值比例上升了10%，本国产品逐渐替代中间进口产品，不断降低关税和扩大对外开放是国内产品种类丰富的主要原因 |
| Timmer 等（2016） | 40个经济体 | 2000—2014年 | 数据更新、全球化 | KPWW方法 | 介绍了WIOD的数据更新情况，数据库包含的产业从35个增加到56个，经济体从40个扩张到56个，数据年份增加了2012年、2013年和2014年。有利于研究国际金融危机后全球经济复苏情况。分析指出全球化在全球金融危机后有所恢复，但始终无法达到危机前的水平，区域化、本土化趋势增加 |

Position 指数小于中国、印度，依此得出俄罗斯、巴西在 GVCs 中的地位优于美国、日本，德国、意大利、法国等发达国家的地位劣于中国、印度等新兴国家的结论，这显然与当前 GVCs 中各经济体的真实地位不符。这一指标刻画的是 GVCs 的上下游关系，衡量的是经济体在 GVCs 中的分工位置，而分工位置（Position）与分工地位（Status）是两个相关但不等同的概念（王岚和李宏艳，2015）。鉴于 GVCs-Position 指数偏重刻画分工位置的特点，国内第二阶段的研究成果评价中国制造业国际分工地位时以产品技术复杂度指数取代 GVCs-Position 指数。产品技术复杂度指数由 Hausmann 等（2007）提出，本质是以显性比较优势指数（Revealed Comparative Advantage Index，RCA）为权重的各经济体人均 GDP 值。

这一指标反映了技术进步带来的价值链升级，价值链升级有助于经济体增值能力的提高。产品技术复杂度指数测算结果表明，中国大陆制造业的增值能力落后于中国台湾、阿根廷，仅领先于越南、柬埔寨。在变化趋势方面，1995—2009 年，中国与欧美日等发达经济体的差距依旧明显，国际分工地位提升缓慢（刘斌等，2015；苏庆义，2016）。

早期的案例分析和当前逐渐成熟的增加值测度均表明，在 GVCs 经历短暂的工艺升级和产品升级后，大部分新兴经济体难以继续提高控制能力和增值能力，被"俘获""锁定"于 GVCs 的低附加值环节。出口产品中的主要增加值被欧美日等发达经济体获得，陷入出口总量大幅增长，人均收入、技术水平提升缓慢的境地，客观检验了价值链升级机制的研究结论。长期"低端锁定"，不仅造成"悲惨增长"，还面临竞争加剧的风险。随着 GVCs 治理者降低进入门槛，吸收更多后发国家，低附加值环节将产生激烈竞争，有一部分企业或经济体被卡位、取代甚至挤出 GVCs。

**二　挤出风险与"新工资洼地"**

Humphrey 和 Schmitz（2002）最先描述了 GVCs 中"不升反降"的挤出风险：巴西西诺斯谷的制鞋业为耐克、阿迪等品牌代工，专注于生产制造环节，在 20 世纪 60 年代相当兴盛，但到了 90 年代，迅速被更具价格优势的中国制鞋业取代，市场份额下降，当地的制鞋业也陷入萧条。随着中国人口老龄化的来临与资源环境的恶化，人口红利、资源禀赋等比较优势式微（蔡昉，2009），挤出风险在中国显现。2008 年以来松下、夏普等制造业外商投资陆续撤离中国，各大品牌厂商将代工环节转移至印度、东南亚国家（韩民春和张丽娜，2014）。Liu（2016）从 GVCs 视角研究金砖国家与其他新兴经济体对 FDI 的竞争，也发现中国与其他新兴经济体之间有一定的竞争效应。

有观点认为，GVCs 挤出效应的产生，与低附加值环节进入门槛低关系密切。在 GVCs 中，处在低附加值环节的国家或地区众多，具有较大的地理弹性，地理弹性越高，面临的竞争越激烈，越容易被其他地区取代（张辉，2005）。刘林青和周潞（2011）发展"地理弹性"的观点，将农产品 GVCs 中的挤出效应归纳为价格、成本波动的冲击和跨国巨头对销售、流通环节的垄断两方面因素的结果。首先，新兴经济体处于 GVCs 低端，面临发达经济体的非对称优势，不具备议价能力，极易受到价格、成本的冲击（Maizels，2000；Fernández，2015）；其次，现有技术的匮乏与跨国公司、国际买家等 GVCs 治理者的封锁使新兴经济体难以完成价值链升级。更多后发经济体嵌入 GVCs 低附加值环节，势必对该环节的原有控制者构成挤出风险。张少军（2015）将大量新兴经济体同时涌入 GVCs 低附加值环节、受到需求的"加总约束"，归纳为"合成谬误"困境（Stolper and Samuelson，1941）。为了避免被挤出 GVCs，获得低附加值环节的分工任务，竞相降低产品价格的"逐底竞争"将被触发，考虑到资本相对于劳动的强势地位，压低工资标准成为暂时缓解挤出风险的理性选择。鉴于发展中经济体主要从事标准化、同质化的低技术劳动，参与"逐底竞争"意味着世界劳动力市场一体化程度的加深（Harrigan and Balaban，1999）。一旦引资政策和商务成本等因素变化造成低附加值环节工资价格上升，治理

GVCs 的发达经济体借助高度一体化的世界劳动力市场，能够迅速找到新的"工资洼地"，实现低附加值环节的重新配置。

如图 2-1 所示，新兴经济体经过 GVCs 中非对称优势、合成谬误和"逐底竞争"的层层影响，产业升级受阻后逐步暴露在挤出风险之下。为了存续在 GVCs 中，压低工资水平、沦为"工资洼地"，与价值链升级提升产品复杂度、加强增值能力的目标背道而驰，不是价值链升级的表现；进入高附加值环节之前，提升工资水平将产生挤出风险，彻底与 GVCs 脱钩，不再享受价值链分工产生的专业化经济。上述 GVCs 分工挤出风险形成机制表明，挤出风险与新"工资洼地"的出现构成一种如影随形的伴生关系；价值链升级成为规避挤出风险、稳定提升新兴经济体工资的重要途径。鉴于工资在挤出风险形成机制中的核心地位，经验分析新兴经济体工资、就业水平，成为考察 GVCs 分工对产业升级影响的全新视角。

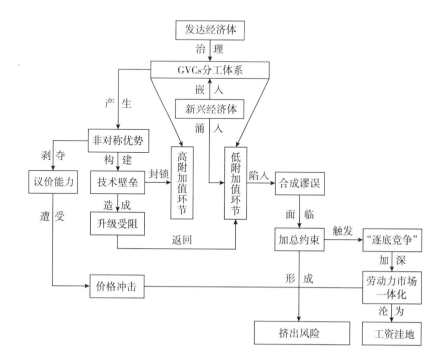

图 2-1　新兴经济体 GVCs 分工面临挤出风险

陈继勇等（2016）利用微观数据分析了中国异质性企业的工资水平与出口国内附加值的关系，指出产品价值创造的增加部分是中国劳动力要素报酬提高的重要决定因素，劳动生产率、资本密集度对工资水平也具有正向促进作用，肯定了上文将价值链升级视为稳定提升新兴经济体工资途径的判断。劳动力技术水平的差异，使工资水平的提升效果并不均匀，随着中国向 GVCs 高端环节攀升，将增加高技术劳动力的需求，提高工资水平是吸收优质人才的重要手段，GVCs 分工定向提高优质人才的收入将进一步扩大高技术劳动力与低技术劳动力的工资差距（李惠娟和蔡伟宏，2016；李强，2014；刘瑶，2016；胡昭玲和李红阳，2016）。Timmer 等（2012；2013；2015）从 GVCs 的视角对欧洲制造业 1995—2011 年工资和就业水平的分析结果也显示，GVCs 分工的利益分配两极化加剧，对高技术劳动力的报酬和需求不断提升。处于转型期的中国和发展成熟的欧洲经济体处在 GVCs 中的不同分工位置，朝着各自的升级目标攀升，同时表现出对高技术劳动力的强烈需求。这主要源于高技术劳动力是人力资本和技术的重要载体，人力资本、先进技术是价值链升级的关键因素。新兴经济体高端人才工资、就业比例的提高既是价值链升级的表现，又是重要促进因素。全面厘清人力资本和其他影响因素，能够触及如何实现中国制造业价值链升级这一核心命题。

## 第三节　新兴经济体价值链升级受阻的原因

通过嵌入 GVCs，部分新兴经济体已经迅速建立起现代工业部门，参与高技术产品的国际分工。但是，分工收益和分工地位仍然堪忧，"低端锁定"和"挤出效应"等价值链升级受阻现象便是 GVCs 核心环节竞争力匮乏的突出表现。鉴于传统工业化道路的完成标志不等同于价值链升级，部分学者对 GVCs 的升级机制展开分析，从中归纳新兴经济体价值链升级受阻的原因，以期完善升级路径，实现分工收益和分工地位的提升。

## 一　传统工业化道路与价值链升级机制比较

回顾美国、德国和日本等发达国家的工业化历程，都有一段长达数十年的"干中学"（Learning by Doing）阶段（Clemens and Williamson，2004），培育和形成产品一系列价值环节所需的全部能力。当时通信手段的匮乏使技术溢出和知识流动极为缓慢，加之进口替代战略的盛行，产品的各价值环节不可避免地集聚在一国内部，所以传统工业化道路实现的标志是在本国构建起整个价值链条。这一工业化道路纵深极为广阔，涉及生产、技术环节繁多，成为多数国家难以跨越的鸿沟。

仅有少数国家沿着这一升级路径取得成功，大部分国家未成功主要源于两个障碍：（1）在本国构建整条价值链，缺乏一定的工业基础。Leibenstein（1957）称之为"临界最小努力点"，即现代部门所需具备的最小规模。Krugman（1979）称之为"要素的最初分布"，一旦生产要素在现代部门集聚不够，要素流动将朝着"错误的方向"进行，现代部门在经济体中逐渐消亡，工业化将无法实现。（2）经济体独立构建整条价值链，冗长且缺乏灵活性。受产业链工序的影响，需要首先构建起最终产品生产环节，为价值链中上游环节的本国中间产品的生产创造需求。经济体内部一旦缺少最终产品环节，本国工业化道路将无法享受国内市场的支持，生产的中间产品直接面临激烈的国际竞争，不利于幼稚产业的发展和产业升级的推进。构建最终产品生产环节后，需要全面发展各环节、各价值创造阶段，不能有所偏废，综合国际竞争力成为决定工业化成败的关键。

有效突破"临界最小努力点"与灵活性强正是价值链升级的优点。发展中经济体专注于个别分工环节，通过引进高品质的中间产品，同时弥补现代部门的规模和品质的不足，使现代部门在"临界最小努力点"下方也能获得发展机会。相关研究从进口中间产品对全要素生产率提升作用的角度阐述了这一观点（Antràs et al.，

2012；Blaum，2014；Ramanarayanan，2020）。进口中间产品可以提升要素投入规模和种类，形成"研发替代效应"，富士康等代工企业进口国外中间产品，省去了研发、设计投入，可以专注于组装加工环节，产生规模经济（钟建军，2016）。有志向高附加值环节攀升的企业，通过消化与吸收高品质中间产品内嵌的先进技术，发挥"学习效应"机制，也能提高要素生产率（Feenstra et al.，2014）。苏庆义（2016）将这两种效应称为新兴经济体的现实选择，先通过融入价值链和进口中间品来生产高端产品，随后发挥"干中学"和技术外溢等方式来延长国内价值链，提升出口品中的国内增加值率。在这一过程中，新兴经济体的国际分工地位会得到提升。

价值链升级灵活性强主要表现为：（1）产业链排列顺序的限制被突破，可以从任意环节开始升级。产品的各价值环节在时间、空间上不再密不可分，后一价值单元的运行无须依赖前一价值单元的运行进度，产业链排列顺序的限制被突破。（2）掌握了 GVCs 各环节诀窍的跨国公司存在，价值链的价值活动呈现全球配置态势。基于先进技术和低廉工资结合的原则，在极短的时间内，跨国公司可以使一个不具备工业基础的经济体产生现代工业部门。如图 2-2 所示，

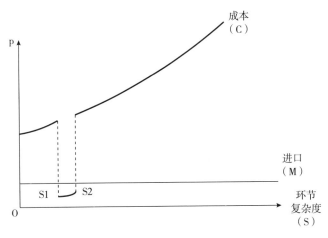

图 2-2　价值链升级的灵活性

资料来源：根据 Baldwin（2011）整理。

在后发经济体的各环节生产成本 C 均高于进口价格 M 时，本土最初不具有先进制造业部门。跨国公司结合东道国要素禀赋，将价值链的 S1—S2 段直接离岸到后发经济体，东道国迅速成为先进制造业的出口国，产业升级过程也不再冗长。

## 二　新兴经济体价值链升级受阻的原因

价值链升级有效突破"最小努力点"与灵活性强的特点帮助新兴经济体迅速跨过传统工业化道路的鸿沟，建成现代工业化部门，也成为价值链升级受阻的主要原因。

### （一）新兴经济体价值链升级"含金量"低，高级生产要素积累不足

产业升级过程变得简化迅速，意味着升级的"含金量"随之下降。GVCs 分工体系下的专业化生产方式使新兴经济体未能充分掌握其他环节的技术、工艺无法完成功能升级；功能升级受阻造成控制核心环节和组织价值网络的能力缺乏，难以实现链条升级（Humphrey and Schmitz，2002）。人力资本、制度质量、FDI 等高级生产要素的匮乏，反过来也将掣肘价值链升级进程。Freeman（2013）指出，当今世界知识和人才在全球流动越来越频繁，成为决定经济产出的关键要素，发达国家优越的条件吸引发展中国家科技人才移民海外，造成国家之间人力资源禀赋、科技水平差距不断加大，人才流失正成为阻碍发展中国家产业升级的一个重要因素。戴翔和郑岚（2015）则认为提高人力资源禀赋、培育高级生产要素属于传统的以最终产品为界线的分工模式，在以"价值增值环节"为边界的 GVCs 分工模式下，完善的制度质量可以降低交易成本，在产业高附加值环节的争夺中形成比较优势，对于中国提升 GVCs 分工地位、实现产业升级具有正面影响。中国改革开放 40 多年的成功经验表明，除了制度改革外，对外开放、引进外资也起到重要作用。外资企业相对本土企业平均生产率更高，技术溢出效应成为本土企业技术进步、效率提升的重要渠道；同时，外资企业对高规格零部件的要求将倒逼上游的本土企业转型升级（李宏和刘珅，2016）。最后，

盛斌和张运婷（2015）基于任务和产品实际有效汇率的研究表明，中国净出口受人民币汇率升值的影响显著减少，而增加值核算体系与传统贸易的统计口径下的汇率差异，低估了人民币升值的影响，夸大了中国 1999—2008 年的竞争力。

（二）依赖发达经济体的价值网络，GVCs 治理能力欠缺

欧美日等发达经济体是 GVCs 的治理者，具有全球配置 GVCs 分工环节的能力。新兴经济体作为接包发，需要被动服从 GVCs 治理者的安排，在分工环节的选择上缺少灵活性（张辉，2005）。当新兴经济体试图摆脱 GVCs 治理者的控制，进入价值链中高端环节，意味着与发达经济体展开正面竞争，价值链升级受阻。一方面，发达经济体在 GVCs 中高端环节具有非对称优势；新兴经济体高端人才、先进技术等升级必备要素积累不足，经营控制、市场渠道和企业联盟等具有战略意义的市场势力培养滞后，双方在 GVCs 中高端环节的竞争力相差悬殊。另一方面，发达经济体采取限制 GVCs 知识流动的方式封锁 GVCs 的中高端环节。Giuliani 和 Bell（2005）研究了拉丁美洲产业集群嵌入 GVCs 后在产业升级方面的表现，实证结果表明，全球采购商为了确保产品的质量和交货时间将加快拉美企业的产品升级与工艺升级过程，同时为了保证自身在 GVCs 中的竞争优势与领导地位，将限制当地企业进行功能升级。我国目前也一再呼吁美国解除对高技术专利的转让封锁，但未得到对方回应。

# 第四节　新兴经济体价值链升级受阻的对策

## 一　全球价值链升级方向的确定

在产业转型升级逐渐受到国内外学者重点关注的情况下，为了找到规避挤出风险、突破"低端锁定"的途径，过去数年来有关中国制造业 GVCs 升级路径方面的文献不断丰富起来。

讨论 GVCs 升级路径，需要准确定位高、中、低附加值环节所

在位置，连成一条升级轨迹。已有文献中关于中国在 GVCs 中升级方向选择的研究，根据测度指标的差异大致可以分为两类。一类文献基于 Koopman 等（2010）提出的价值链位置指数（GVCs-Position），将一国参与国际贸易的产品供给与需求比例作为 GVCs 上下游的判断标准，这一比例越大则越靠近 GVCs 上游。周升起等（2014）、岑丽君（2015）将 GVCs-Positon 解读为价值链地位指数，实证分析后得到中国资本技术密集型产业的 GVCs-Position 为负值，分工地位较低；美国、日本和德国相应制造业的 GVCs-Position 排名靠前。据此判断向 GVCs 上游发展是提升中国分工地位、增加分工收益的有效途径。另一类文献以 Antràs 等（2012）设计的上游度指数（Upstreamness）为基础，测算了产品从原材料到最终产品之间的距离，这一指数越大，产品离最终需求越远，越接近 GVCs 的上游。苏庆义和高凌云（2015）的半参数估计结果显示，随着人均国内生产总值的提升，上游度指数会逐渐降低，中国当前的上游度指数较高，往下游发展有利于获取高附加值、促进产业升级。中国制造业产业竞争力与上游度指数的关联分析显示，两者存在显著负相关关系，向 GVCs 终端产品发展，摆脱加工贸易所在的组装、加工环节是实现 GVCs 升级的途径（苏杭和李化营，2016）。

对于两类文献得出完全相反的 GVCs 升级方向，有学者提出了疑问。一部分学者认为，侧重制造业的整体分析，缺乏对产业异质性的讨论是已有文献中 GVCs 升级方向呈现相反结果的主要原因。异质性理论认为，由于空间差异与产品差异，以及稀缺生产要素难以完全自由流动，同一产业内的企业具有异质性，这一异质性使产业内具有核心资源的企业占据较好的分工位置，获得垄断租值（Schmalensee，1978；Caves and Porter，1977）。不同类型产业的企业在核心能力或核心资源的表现上具有很强的产业特征。比如，煤炭产业企业间的异质性表现在开采的资质上和对煤矿资源的开采权上；水、电、交通、通信等产业具有自然垄断的产业特征，其异质性表现为在国家政策支持和管制中竞争的缺失和市场份额的攫取；

高新技术产业由于具有高风险和高收益特点，其产业异质性表现在创新能力和风险承受能力的差异上。随着国际分工的主导形式由产品分工深化到产品内不同工序分工，异质性体现为企业在 GVCs 所处环节对其他环节的控制能力。"二元驱动"模型显示，在高端装备制造业、航空航天业等生产者驱动的价值链中表现为研发、生产能力，在服装、制鞋业等购买者驱动的价值链中体现为设计、营销能力（Gereffi and Korzeniewicz，1994）。施振荣和林文玲（2005）提出的"微笑曲线"显示，位于价值链两端的设计营销环节均能产生高附加值，若没有结合产业特征，难以成为产业升级的风向标。由此可以看出，不同产业的高附加值环节在 GVCs 的分工位置不尽相同，统一将上游环节或下游环节作为我国 GVCs 的升级方向，仅能满足一部分产业的发展需要。为了解决我国产业转型升级"向何处去"的问题，在寻求 GVCs 分工地位提升时，应该结合产业异质性，分类别归纳 GVCs 升级方向，按照 GVCs 的内在规律行动（张辉，2004）。

另一部分学者通过剖析 GVCs-Position 指数和产业上游度指数的内涵，解释两类文献产业升级方向之间的分歧。针对 35 个经济体17 年的产业上游度指数测算结果表明，日本与中国同处于 GVCs 的上游，印度比美国更接近 GVCs 的下游，上游度指数的高低与各国 GVCs 地位没有必然联系（何祚宇和代谦，2016）。陈晓华和刘慧（2016）的产业上游度指数测算工作得到类似结果，他们认为，上游度指数侧重反映生产环节的"物理位置"，与分工地位阐释 GVCs 增值能力和控制能力的要求有所偏差。上述偏差，使产业上游度指数衡量分工地位时，缺少"价值"属性，无法体现发达经济体在高端环节的优势，也就难以指明产业升级方向。程大中（2015）认为，产业上游度指数反映的价值链上下游关系与"微笑曲线"的上下游已经不再相同，"微笑曲线"中增值能力的相关信息在上述指标中并没有体现。这些指标更多地体现了各国嵌入 GVCs 的位置，缺少分工收益对产业升级方向的指示作用（王岚和李宏艳，2015）。

在这样的转型思路下，企业在占据满意的分工位置后，可能因为缺少增值能力而难以持续发展，分工地位没有实质上的提升，GVCs升级将走向失败。与之相反，GVCs-Position 指数以出口增加值和进口增加值的差额，反映各经济体在 GVCs 分工的总贸易利得（潘文卿，2015）。总贸易利得受到贸易规模差异的影响，无法体现单位产品的价值，掩盖了经济体增值能力的信息，同时不具备表征产业链上下游关系的"物理"位置功能。

**二 升级路径的选择**

为了准确地指明 GVCs 升级方向，全面刻画各制造业 GVCs 升级路径，需要同时把握分工位置和分工地位两个维度，精确定位（Map）价值链中各类产业的高附加值环节与强控制力环节（王岚和李宏艳，2015）。正是兼顾分工位置和分工地位两个维度，总结中国台湾 PC 产业和亚洲服装产业沿产品生产序列的价值分布，诞生了"微笑曲线"和"二元驱动"等经典的价值分布模型。"微笑曲线"表明高附加值环节位于价值链的两端，中间的加工、制造环节附加值最低。"二元驱动"模型进一步考虑产业异质性，明确了各类产业高端环节的具体位置——生产者驱动 GVCs 的高端环节集中在上游区域，购买者驱动 GVCs 的核心环节位于下游，这一模型成为判断 GVCs 升级方向的重要标准。遵循升级方向，在朝高附加值和强控制力环节攀升的过程中，新兴经济体和已有文献对能力获取和嵌入 GVCs 的先后顺序产生分歧，形成两类迥异的 GVCs 升级路径。根据分工位置和相应能力的取得顺序，联合国贸易与发展会议（2013）将新兴经济体的升级路径分为"融入"和"准备"两类，先嵌入 GVCs 再寻求相应能力的升级路径为"融入"（Integration），先培育能力再加入 GVCs 的升级路径为"准备"（Preparing）。Wang 等（2013）测算了亚洲经济体电子和光学设备制造业的垂直专业化结构，结果说明新兴经济体中确实存在这两条升级路径。中国、印度尼西亚等经济体国外增加值（VS）和最终产品国外增加值（FVA-FIN）份额高，是深度嵌入 GVCs 但增值能力、控制能力不足

的表现，属于"融入"优先的升级路径。印度的 GVCs 升级路径具
有明显的"准备"特征，国外增加值（VS）份额低，中间产品国
外增加值（FVA-INT）高，是嵌入 GVCs 程度低且具备一定的研发
设计能力的表现。面对新兴经济体不同的升级路径选择，Baldwin
（2011）以马来西亚和泰国的汽车产业发展为例，比较两种 GVCs 升
级路径的优劣。马来西亚从 1981 年开始，试图建立国有的汽车工
业，构建一条完整的汽车产业价值链（Wad and Chandra，2011）；
泰国则逐步放松所有权限制，积极融入 GVCs（Techakanont，
2008）。经过 25 年的发展，泰国汽车年产量为马来西亚的两倍，高
技术劳动力比例也更高，Baldwin（2011）以此论证"融入"路径
较"准备"路径的优势。同样支持"融入"GVCs 路径的国内学者
基于中国制造业深度嵌入 GVCs 的事实，发展"融入"升级路径，
提出先加入发达国家主导的 GVCs，再转变加入方式，最后重构价
值链、自我主导 GVCs 的升级三部曲（聂聆和李三珠，2016；苏庆
义，2016；袁红林，2016；胡大立，2016）。中国制造业顺利通过
第一阶段后，在"融入"路径的第二阶段，"非对称优势"和"低
端锁定"等升级难题相继出现，有学者开始反思"融入"路径的正
确性。沈能和周晶晶（2016）指出，中国制造业 GVCs 升级在"融
入"的初级阶段即可实现。

### 三　NVCs 路径与 RVCs 路径

为了抵消跨国公司在 GVCs 中的非对称优势，刘志彪和张杰
（2007）认为，新兴经济体通过低端嵌入 GVCs 取得工艺升级和产品
升级后，应该构建国家价值链（National Value Chains，NVCs），将
俘获型网络扭转为均衡型网络。实现俘获关系向均衡乃至主导关系
转换的关键在于高级生产要素的积累，由 GVCs 低端向 NVCs 转换。
在生产者驱动价值链中，NVCs 能够激励和扶持高附加值环节本土
企业的技术创新能力，购买者驱动价值链中有利于规模较小、定位
雷同的代工企业重组兼并，成为具备自主品牌和销售渠道的终端集
成企业。刘志彪和张杰（2009）以"亚洲四小龙"的成功经验为

例，论证构建 NVCs 体系培育高级生产要素的可行性，是"准备"路径的代表性研究。相关研究发现，NVCs 更是新兴产业攀升价值链高端所需的技术突破路径。黄永春等（2014）对昆山新兴产业创新特征数据进行统计和计量，发现借助 NVCs 比"融入"GVCs 更能赢得新兴产业的企业青睐。鉴于 GVCs 中的技术壁垒，NVCs 内科研机构、高等院校和共生企业成为新兴产业获得创新要素的主要途径，企业也就更倾向于与 NVCs 中的高校、院所合作研发、创新。后续研究吸收"融合"和"准备"路径的优点，进一步发展 NVCs 升级路径，即低端嵌入 GVCs 后培育 NVCs，积累足够的高级生产要素；再从 NVCs 向 GVCs 高端延伸，寻求 GVCs 的主导权（王子先，2014；霍春辉，2016）。刘志彪等（2007）将其概括为"决胜于国内，决战于国外"策略，在 NVCs 竞争中胜出的企业积累了足够的高级生产要素，进入 GVCs 与跨国公司和国际买家具有对等的分工地位。王晓萍和胡峰（2013）、黎伟（2015）等提出的 GVCs/NVCs 双重嵌入路径也持有这一观点，强调根植国内市场、积累高级生产要素对推动企业竞争力的重要性。这一发展丰富了 GVCs 与 NVCs 结合的研究思路，完善了 GVCs 升级的分析框架。

同样是为了积累高级生产要素、营造升级空间，同时发挥 GVCs 分工产生的专业化经济，有学者提出主导区域价值链（Regional Value Chains，RVCs）实现产业升级的路径。魏龙和王磊（2016）认为，RVCs 是指以产业升级和中高端化发展为目标，联合周边产业互补性强的新兴国家或地区，为实现商品或服务价值而连接生产、销售、回收处理等过程的区域性跨企业网络组织。中国若能同周边新兴国家组成 RVCs，将有机会从 GVCs 中的技术落后方转换为 RVCs 中的相对技术先进方，接触甚至控制价值链的中高端环节，通过主导 RVCs，达成我国经济发展向中高端水平迈进的目标。

国内学者针对这一问题，以"一带一路"倡议为例，对 RVCs 路径进行经验分析。韩永辉等（2015）通过测算中国与西亚的出口相似度指数、产业内贸易指数，发现双边的贸易竞争性较弱、互补性强，得出中国与西亚应加强贸易合作的结论。有学者在研究制造业海外转移问题时也指出，2008—2012 年"一带一路"沿线国家GDP 年均增速为 4.96%，经济发展需求旺盛，而工业化和创新能力普遍较低，有望成为我国中低端劳动密集型产业和产能过剩型产业的海外承接地。这些产业海外转移后，在产业价值链转移效应和生产要素重组效应的共同作用下将推动制造业转型升级，为我国制造业向价值链高端环节发展、获得高附加值创造了条件（苏杭，2015）。"一带一路"框架下 RVCs 与 GVCs 的联系与互动研究为中国制造业升级能力与分工收益的协调提供了思路，张辉（2015）提出了"双环流"体系，其中一个环流位于中国与发达国家之间，一个环流位于中国与亚非拉等发展中国家之间。一方面，中国在发达国家主导的 GVCs 环流中，可以承接发达经济体的分工任务，形成专业化经济；另一方面，中国在"一带一路"倡议下形成的 RVCs 环流里，能够实现技术的产业化，完成产业升级与经济发展中高端化。

### 四　全球价值链升级的影响因素

GVCs 和 NVCs 升级路径或早或晚终将影响升级能力的成长。增值能力和控制能力的获取，是经济全球化时代新兴经济体确定升级方向和升级路径后无法绕开的命题。升级能力的影响因素分析成为达成升级目标、实现升级路径的关键一环。

为了厘清制造业升级能力的影响因素，国内外学者分别讨论了人力资源禀赋、资本深化程度、制度质量、FDI 和汇率五个方面因素对 GVCs 下制造业升级的影响。Freeman（2013）指出，当今世界知识和人才在全球流动越来越频繁，成为决定经济产出的关键要素，发达国家优越的条件吸引发展中国家科技人才移民海外，造成国家之间人力资源禀赋、科技水平差距不断加大，人才流失正成为阻碍发展中国家产业升级的一个重要因素。人力资本积累不足，形成中国制造业转型升级时对人才的迫切需求。基于 WIOD 和 OECD-TiVA 数据，对制造业分工地位影响因素的实证分析显示，人力资源禀赋对新兴经济体价值链升级的边际贡献胜过对发达经济体（容金霞和顾浩，2016；聂聆和李三珠，2014）。在强调提高人力资源质量对价值链升级关键贡献的同时（葛顺奇和罗伟，2015；邱红和林汉川，2014），应发展与中国制造业发展阶段相匹配的初始人力资本。对广东、浙江等地代工企业的调研显示，中国制造业升级正面临"技工荒"困境（覃大嘉和刘人怀，2015）。为了获取升级能力，中国在积累人力资本时，要依靠高校、科研机构培养研发型人才，更要重视发展职业教育以孕育技能型、产业型人才（李静，2015）。应采取教育、培训和市场引导结合的形式，提高人力资源质量，兼顾各阶段价值链升级对不同层次人才的需求（卢福财和罗瑞荣，2010）。

与国内外学者普遍承认人力资源禀赋对新兴经济体价值链升级的促进作用相似，已有文献大都赞同资本深化程度对后发经济体产业升级的正面影响。赞同资本密集度提升 GVCs 分工地位的理论研究有：邱斌等（2012）认为，资本深化意味着购进先进设备，这将直接提高要素生产率和技术水平，有助于掌握高端环节生产能力。孙学敏和王杰（2016）提出，高资本密集度企业模仿、消化和吸收先进技术方面的优势建立在更强的有用技术辨识能力上。相关实证分析从出口技术复杂度和要素生产率两方面肯定资本深化对产业升级的贡献。王永进等（2010）基于海关跨国数据，采用两阶段最小二乘法和 GMM 回归，论证了基础设施建设对各国出口技术复杂度的提升作用。基于 Fally（2012）生产阶段数模型，倪红福等（2016）采用 WIOD 数据，得到资本密集度有利于新兴经济体承接更多分工环节的结论。刘志彪和张杰（2009）利用江苏 342 家本土制造业企业的调研数据，分析中国出口竞争力的决定因素，资本密集度匮乏使其难以成为中国制造业增值能力的源泉，这一发现从反面论证了资本深化对产业升级的促进作用。

戴翔和郑岚（2015）认为，提高人力资源禀赋、物质资本属于传统的以最终产品为界线的分工模式，在以"价值增值环节"为边界的 GVCs 分工模式下，完善的制度质量可以降低交易成本，在产业高附加值环节的争夺中形成竞争优势。这一竞争优势源于优异的制度启用监督机制保障合约有效执行，更能适应 GVCs 高附加值环节不确定因素多、犯错可能性大的特征（Berkowitz et al.，2006），更能激励中间产品供应商选择更先进的技术从事生产，提高生产效率（Acemoglu et al.，2007）。相反，较低的制度质量阻碍后发经济体进入高端环节，仅能长期专业化于复杂度低、控制力弱的分工环节，形成"低端锁定"效应（Krishnaand Levchenko，2009）。扫清市场运作障碍、提高制度质量，成为新兴经济体培育高附加值环节竞争力、跨越"中等收入陷阱"的重要一环（郑宇，2016），也是实现人口红利向制度红利、改革红利转变的关键因素（翟士军和黄汉民，2015）。

中国改革开放 40 多年的成功经验表明，除制度改革，对外开放也起到重要作用。外资企业相对本土企业平均生产率更高，技术溢出效应成为本土企业技术进步、效率提升的重要渠道（李宏和刘珅，2016）。FDI 技术溢出效应通过示范效应、竞争效应、劳动力流动和前后向联系四种途径影响中国本土制造业的技术水平（王克岭，2016）。示范和模仿效应在 FDI 流入中国制造业的初始阶段已经出现。有关中国航天航空器制造业 FDI 技术溢出效应的经验分析显示：1997—2002 年随着外资流入，本土企业与世界领先企业的技术差距明显减少。随着"嵌入"的加深，本土企业与跨国公司的竞争加剧，技术溢出减弱，本土企业"锁定"和"挤出"风险增加（郝凤霞等，2016）。戴翔（2016）以服务业产业渗透率对中国制成品技术复杂度的积极影响，说明扩大服务业对外开放，促进劳动力流动对获取隐性技术、"借力"外部优质资源的意义。前后向联系途径产生的技术溢出效应体现在"绿地投资"或跨国并购与本土制造业上下游企业合作中，外资企业对高规格零部件的要求将倒逼上游的本土企业转型升级，也会对本土企业进行必要的技术支持（孙洁，2016）。

实际有效汇率是影响一国贸易的最主要因素之一。人民币汇率在 2005—2014 年的升值周期内，显著降低了我国的出口竞争力。如果出口无法稳定，制造业转型升级便无从谈起（苏庆义等，2014）。传统的实际有效汇率（Real Effective Exchange Rate，REER）能充分反映一国产品出口竞争力（巴曙松等，2007），但无法衡量各经济体间对分工环节的竞争力。Bem 和 Johnson（2012）提出，附加值实际有效汇率（Value-Added Exchange Rate，VAREER）的概念和测算方法，使这一竞争力评价指标适用于 GVCs 分析。基于上述方法，盛斌和张运婷（2015）按照任务和产品贸易两种统计口径，分别测算实际有效汇率，发现增加值口径下中国出口竞争力受人民币汇率升值的影响变大，产品贸易的汇率测度低估了人民币升值的影响，夸大了中国制造业的出口竞争力。从国家和行业层面的度量结果，同样支持人民币升值影响被低估的结论（牛华等，2016）。

## 第五节　本章小结

从产业间分工到产品内分工，国际分工不断深入，价值链升级（Humphrey and Schmitz，2002）的概念应运而生。新兴经济体嵌入 GVCs 分工体系后，受益于学习效应和专业化经济带来的工艺升级和产品升级，迅速突破"最小努力点"，建立起现代工业部门（Baldwin，2011）。这有利于发挥自然资源和人口红利方面的比较优势，获得分工收益。当新兴经济体试图提高分工收益、进入高端环节时，产业升级简化后升级"含金量"低的劣势开始显现。本章站在新兴经济体的角度，以文献综述的方式，探讨价值链升级受阻的影响、原因和对策，得出以下结论。

第一，低端锁定和挤出效应是新兴经济体价值链升级受阻的主要影响。新兴经济体长期被"俘获""锁定"于低端环节（刘志彪和张杰，2007），陷入人均收入增长缓慢、"只赚数字不赚钱"的

"悲惨增长"（卓越和张珉，2008）。加之 GVCs 分工体系中非对称优势、合成谬误和"逐底竞争"的层层影响（张少军，2015），新兴经济体在产业升级受阻后逐步暴露在挤出风险之下。

第二，GVCs 治理能力缺乏和升级"含金量"低阻碍新兴经济体价值链升级。面对低端锁定和挤出风险的双重升级压力，新兴经济体需要与目标环节的初始控制者直接竞争。发达经济体对中高端环节关键技术的封锁加大了升级难度，必备要素积累不足和市场势力培养滞后造成价值链升级后两阶段无法完成。

第三，NVCs 与 RVCs 升级路径是新兴经济体应对价值链升级受阻的备选方案。新兴经济体的 GVCs 升级路径分为"融入"和"准备"两类，都将或早或晚进入 GVCs。新兴经济体深度"融入" GVCs 后落入"网络陷阱"，极易被发达经济体"俘获"。NVCs 与 RVCs 升级路径的提出有利于寻找可行的升级路径和适宜的升级环境，规避发达经济体的非对称优势，为新兴经济体赢得升级空间。

已有研究成果对 GVCs 分工与产业升级之间的关系做了深入剖析，也存在一定的不足，针对新兴经济体价值链升级，本章认为还有以下四点可以进一步研究。

在理论发展上，对价值链升级的理解应该更加具体，阐释如何完成价值链升级。价值链升级将利润更大、控制力更强的分工环节作为升级目标，研究时采用的增加值核算框架（HIY，2001；KP-WW，2010）也仅仅以消除"统计幻象"、明确各国分工收益为核心目标。这是以结果为导向的研究思路，直接呈现国际竞争的结果。但是增加值内部包含了劳动、资本、土地、技术等多种生产要素的报酬，哪些因素促成了这一结果无从知晓，更难以阐释如何到达高附加值环节、实现价值链升级。如果将结果核算变为诱因分析，把增加值分解为各生产要素的贡献，以要素禀赋和比较优势等成熟理论解释 GVCs 利益分配，确定达到各个分工位置所需具备的条件，通过成熟理论的嫁接使价值链升级理论更具有解释能力，拉近现实与理论之间的距离。当前 Timmer 等（2013）已经尝试将增加值分解为劳动、资本报酬，并进一步讨论了 GVCs 中的就业、工资效应，2016 版 WIOD 数据库也即将更新社会经济账户，并提供相关数据。这些研究进展都为价值链升级理论的完善创造了条件。

在理论突破上，通过价值链的嵌套，丰富价值链升级路径，以抵消非对称优势。非对称优势是新兴经济体价值链升级受阻的原因之一，将 GVCs 治理者和跟随者的关系展露无遗，这是过往理论中较少涉及的部分。抵消非对称优势是平等竞争 GVCs 高附加值环节的前提条件，也是价值链升级理论应该突破的关键内容。为了消除非对称优势、营造升级环境，除 GVCs 升级路径外，还形成了 NVCs、RVCs 升级路径，理论发展呈现出多元化的特点，还未建立起一套完整的理论体系和分析框架。总结已有研究经验、增强各条升级路径之间的联系与互动，是理论可能突破和创新的地方。Baldwin（2011）、魏龙和王磊（2016）探索了 RVCs 与 GVCs 结合的可能，刘志彪和张杰（2007；2009）注重 NVCs 与 GVCs 的联系。通过价值链的嵌套若能同时发挥 NVCs 培育高级生产要素、RVCs 易于控制主导权、GVCs 专业化经济的优点，将各条价值链升级路径统一在共同的理论系统中。下一阶段应进一步关注各条价值链转换的时机和条件，避免过度嵌入 GVCs 造成"低端锁定"，或者与 GVCs 脱钩过久、错过发展机遇的情况产生，是形成理论创新、建立完整分析框架的基础。

在研究模型上，"微笑曲线"和"二元驱动"模型对新的经济现象解释力度下降，需要补充完善。"微笑曲线"和"二元驱动"模型兼顾了分工位置和增值能力两方面的信息，较好地诠释了 GVCs 内价值分配情况，是经典的经济模型。生产工艺的发展和技术的更迭使电子与光学设备制造业的"价值洼地"——组装加工环节，出现了封测等高附加值环节。这些环节利润不菲，但链条的治理者对其控制能力也很有限，已有模型的解释力度受到挑战。面对非传统位置出现的高端环节，有必要定量分析分工位置与增值能力、控制能力的对应关系，描绘新的价值分布轨迹，归纳出新的价值分配模型，实现"微笑曲线"和"二元驱动"模型的补充完善。这将有利于准确判断新兴经济体的 GVCs 升级方向。

在研究对象上，较少制定具体产业的升级路径。中国纺织、制鞋业于 20 世纪 90 年代已经深度嵌入 GVCs，航空产业方面波音公司的海外工厂刚刚落户中国舟山。中国各制造业参与 GVCs 分工的时间长短、发展好坏和嵌入环节等诸多方面差异明显。目前，无论是 GVCs 路径还是 NVCs 路径，均是以一条升级路径指导所有产业升级。行业差异性的存在使这样的升级计划仅能满足部分产业的需要。应结合各产业的实际发展情况，注重升级路径的选择。为适应当前 GVCs 体系的产业，应坚持 GVCs 路径，争取率先脱颖而出，实现转型升级；遭遇升级"瓶颈"的产业，及时调整升级思路，试图依托其他路径打开发展局面，规避"锁定""挤出"。

# 第三章　中国制造业在全球价值链
分工中的处境

　　第二章梳理了 GVCs 分工对新兴经济体产业升级影响的相关文献。本章选取就业和工资两个角度，讨论 GVCs 分工对中国制造业竞争力的影响，试图呈现中国制造业在 GVCs 分工中的现状。首先，从中国制造业工作流动切入，以工作岗位的数量与质量变化来反映中国制造业在 GVCs 中战略定位和发展重心的变化，据此判断"低端锁定"是否仍然延续。其次，测算历年来制造业高、中、低技术劳动力的工资，将中外用工成本进行横向比较，衡量中国制造业在劳动力成本方面的竞争力，诠释 GVCs 的"挤出风险"。最后，依据实证分析结果，总结中国制造业当下的竞争优势，为升级路径的设计和选择提供依据。

## 第一节　"低端锁定"与"挤出效应"的
判断思路

　　改革开放以来，中国经济总量快速增长，于 2014 年跨入"十万亿美元俱乐部"，仅次于美国，但人均收入排在世界 60 位之后。中国制造业长期依靠人口红利与资源禀赋嵌入欧美日等发达国家（地区）主导的 GVCs，从组装、加工环节取得分工利益和就业岗位，单位产品仅能获得微薄的分工收益，却显著降低了跨国公司的生产成本。国内学者认为，这是中国制造业被"俘获""锁定"于

GVCs 低端环节的表现（刘志彪和张杰，2009）。"俘获""锁定"观点有产业升级受阻的含义，同时也意味着中国制造业可以持续从低附加值环节获得分工收益。但是近年来，有些国家试图通过减税、放松监管等措施吸引海外企业回流，重振本国制造业；加之更多后发经济体被纳入 GVCs，中国制造业面临的竞争者骤增。伴随中国制造 2025 和创新驱动发展战略的实施，我国对 GVCs 中、高端环节的控制权提出了要求，在超级计算机、大飞机等领域相继取得突破。继续以"俘获""锁定"等静态的眼光看待中国制造业在 GVCs 中的分工地位，已经难以完全解释代工工厂撤离、高端制造萌芽等全新经济现象。面对国际分工格局出现的全新挑战和机遇，"低端锁定"能否概括中国制造业 GVCs 真实处境？本章从工资和就业的角度，分析中国制造业在 GVCs 中优势环节的变化趋势和竞争优势所在，回答"低端锁定"是否持续存在，以应对全新挑战、促进制造业转型升级。

判断"低端锁定"与"挤出效应"，有利于识别中国制造业在 GVCs 中的真实处境，应对可能的挑战和机遇。对总出口进行增加值分解，得到各国实际贸易利得，并转化成国内增加值率、价值链参与度指数（GVCs – Participation）和分工位置指数（GVCs-Position）是衡量一国是否被锁定于 GVCs 低端环节的常用方法。上述指标代表国内外增加值占总出口的相对水平，以分工位置和参与度等间接信息判断 GVCs 分工地位。Timmer 等（2013）指出，为了准确衡量一国应对国际竞争的能力，有必要直接测算 GVCs 竞争力的绝对值。就业和收入作为宏观经济四大目标的重要内容，被认为是评价 GVCs 竞争力的合适指标，在德勤发布的全球制造业竞争力报告和美联储每月公布的非农产业数据中也得到使用。

GVCs 中的挤出风险则与各国从事的分工环节和竞争优势关系密切，控制高端技术环节需要大量的人力资本积累，从事低端劳动密集型活动依靠成本价格优势。如果直接核算增加值进出口，使用

增加值利得（Stehrer, 2012）或产品复杂度（Hausmann et al.,
2007）指标仅能反映竞争后的结果，无法体现一国竞争优势所在，
也难以根据竞争优势的演变趋势，及时调整嵌入环节、领域，应对
GVCs 潜在的挤出风险。Porter（1990）所描述的产业升级现象也无
从知晓，即后发经济体资本（包括人力和物质）相对于劳动力的丰
裕程度超过其他经济体时，后发经济体将建立资本密集型产业和技
术密集型产业的比较优势。以极端情况为例，当一国增加值利得不
变时，价值链优势环节或经济增长源泉已经悄然发生变化，从低端
劳动密集型活动向高技术活动的转型，反之亦然。在以结果为导向
的增加值利得指标看来，一切并未发生变化，原有的 GVCs 分工地
位依然稳固，不存在 GVCs 升级或"挤出效应"。就业指标具有数量
和质量两重性质，数量层面工作创造（Job Creation）和工作毁灭
（Job Destruction）是"挤出效应"的突出表现形式。各国为了确立
竞争优势，不再将生产要素平均分配于产品各生产环节，而是倾其
所有，投入 GVCs 中最具竞争优势的价值环节（Kogut, 1985），
对 GVCs 中某一环节的专业化生产将在这一价值环节创造更多的
工作岗位，对 GVCs 中其他价值环节的垂直分离意味着这些工作
岗位的毁灭。GVCs 内部各环节创造的价值大小也不均匀，甚至有
的环节产生价值，有的环节不产生价值（Porter, 1985）。就业质
量层面体现了这一点，高附加值环节往往对应着高技术、高收入
的工作（Good Job），低附加值环节自然对应着低技术、低收入的
工作（Bad Job）。分析就业结构，测算中、高技术劳动力比例，
有利于辨别一国的技术创新能力。工资指标是各国制造业成本的
直观呈现，对劳动密集型环节的影响尤为突出，是占据低端环节
的重要保障。

　　本章的主要贡献在于：从结果核算变为诱因分析，以中国制造
业 GVCs 竞争优势的变化趋势判断"低端锁定"或"挤出效应"。
大量文献仍将"低端锁定"视为中国制造业在 GVCs 的主要风险，
部分文献提到了"挤出效应"，以中国取代巴西，印度、东南亚国

家获得中国订单等案例分析为主。利用计量、统计方法消除统计幻象，本是 GVCs 分析的一大优势，在分析"挤出效应"时却难以发挥出来。这源于"挤出"意味着原有的竞争优势不再，需要深入分析竞争优势的来源做出判断，即诱因分析。传统增加值核算直接呈现国际竞争的结果，哪些因素促成了这一结果无从知晓。本章认为无论是"低端锁定"还是"挤出效应"，都是中国制造业在某一领域 GVCs 竞争力乏力的表现形式，当劳动力供给充足、资源丰富而技术相对落后时，嵌入 GVCs 低附加值环节是明智的选择，"低端锁定"效应明显；当转型升级不断推进，更多的劳动力从低技术领域进入高技术领域时，工资成本上升，中国制造业对 GVCs 低端环节的统治力将下降，"挤出效应"随之产生。如何洞悉制造业竞争优势的变化趋势，从而识别和理解"低端锁定"或"挤出效应"，抑或全新的 GVCs 竞争力表现形式？本章将就业、工资作为劳动力成本、技术水平等竞争优势的代表变量，考察中国制造业是否具备长期在某一分工环节站稳脚跟的条件，以竞争优势的变化从源头对"低端锁定"和"挤出效应"做出判断，比直接测算增加值贸易利得或产品复杂度具有更强的解释能力。

## 第二节　基于全球价值链分工的就业工资测算方法

基于 GVCs 分工测算就业，随着统计口径由产值变为增加值，天然地将一国生产所需的劳动力分解为国内所需劳动力和国外所需劳动力，据此可以得到国际分工带来的工作流动，求得本国就业的国内、国外贡献。依据这些基础数据再将生产所需投入的高、中、低技术劳动力进行分割，求得所需三种劳动力在国内、国外的分配情况，体现工作流动中的劳动力异质性。以所需三种劳动力的数量分配为基础，结合劳动要素在各国的收入分配情况，得到三种劳动

力的人均收入，用以反映各国工资。按照这一思路，这一部分确定
了研究方法、指标及数据。

**一　KPWW 方法对就业数量、质量变化的求解**

GVCs 分工体系下价值创造的最小单元由产品变为环节，产品
生产不再由一国单独完成，世界制造、共同生产的趋势日益明显，
呈现出"你中有我、我中有你、相互依存"的态势。随着价值创造
过程中国家间、行业间的交叉、渗透现象越发频繁，一国既能通过
本国生产活动创造就业，也可以承接其他国家的分工任务获得工作
岗位。为了真实反映 GVCs 分工引起的工作流动，本章采用 Koop-
man 等（2010）提出的 KPWW 方法和 Timmer 等（2013）定义的
GVCs 工作、GVCs 收入概念作为测度方法。

本章将 $V'$ 定义为生产就业系数向量，其中的元素 $v'_{ri}$ 代表生产 1
单位产品 $x_{ri}$ 投入的劳动力数量 $l_{ri}$。各国工作流动的数量关系可通过
式（3-2）表示，保留在 $s$ 国的工作数量 $DV'_s$、流出 $s$ 国的工作数量
$FV'_s$ 与流入 $s$ 国的工作数量 $IV'_s$ 如式（3-3）所示。

$$v'_{ri} = \frac{l_{ri}}{x_{ri}} \tag{3-1}$$

$$V'BY = \begin{bmatrix} V'_r B_{rr} \hat{Y}_r & V'_r B_{rs} \hat{Y}_s & V'_r B_{rt} \hat{Y}_t \\ V'_s B_{sr} \hat{Y}_r & V'_s B_{ss} \hat{Y}_s & V'_s B_{st} \hat{Y}_t \\ V'_t B_{tr} \hat{Y}_r & V'_t B_{ts} \hat{Y}_s & V'_t B_{tt} \hat{Y}_t \end{bmatrix} \tag{3-2}$$

$$DV'_s = V'_s B_{ss} \hat{Y}_s \quad FV'_s = V'_r B_{rs} \hat{Y}_s + V'_t B_{ts} \hat{Y}_s \quad IV'_s = V'_s B_{sr} \hat{Y}_r + V'_s B_{st} \hat{Y}_t \tag{3-3}$$

按照工作来源完成对本国就业 $l$ 的国内、国外分解，厘清国际
分工带来的就业规模变化后，测度一国获得就业岗位的质量高低是
解析制造业 GVCs 竞争力的另一个维度。如式（3-4）、式（3-5）
所示，生产就业系数向量 $V'$ 被分解为高等生产就业系数向量 $V'_H$、中
等生产就业系数向量 $V'_M$ 和低等生产就业系数向量 $V'_L$。测算三种工作
岗位在国家间的流入与流出情况，可以反映 GVCs 分工对一国制造
业就业质量的影响。

$$v' = \frac{l}{x} = \frac{l_H + l_M + l_L}{x_r} = v'_H + v'_M + v'_L \tag{3-4}$$

$$V'BY = V'_H BY + V'_M BY + V'_L BY \tag{3-5}$$

### 二　工资指标 $GVCs_{wage}$ 的提出

工作流动带来的就业规模、质量变化不仅反映了一国制造业在 GVCs 中的竞争力，也为求解三种劳动力的平均工资创造了条件。式（3-6）、式（3-7）将一国总增加值（GDP）按要素投入比例和价格划分为劳动与资本的报酬，劳动增加值可以进一步分解为高、中、低技术劳动增加值。中国作为世界第二大经济体，资本与劳动这两种生产要素产生的增加值总量巨大，我国又是人口大国，就业人口基数同样庞大，劳动力个体贡献如何值得研究。本章拓展了 Timmer 等（2013）的 $GVCs_{labor}$ 概念，提出了 $GVCs_{wage}$ 概念，以劳动力工资作为中国制造业 GVCs 竞争力的另一个评价指标。

$$v = \frac{x - ix}{x} = \frac{va_{labor} + va_{capital}}{x} = v_{labor} + v_{capital} = v_{labor}^H + v_{labor}^M + v_{labor}^L + v_{capital} \tag{3-6}$$

$$VBY = V_{labor}BY + V_{capital}BY = V_{labor}^H BY + V_{labor}^M BY + V_{labor}^L BY \tag{3-7}$$

$$GVCs_{wage} = \frac{GVCs_{labor}}{GVCs_{job}}$$

$$GVCs_{job} = DV' + IV' \tag{3-8}$$

$$GVCs_{labor} = DV_{labor} + IV_{labor}$$

### 三　数据来源与研究对象

上文描述的方法和指标需要使用国际投入产出表，书中使用的数据来自 2013 版世界投入产出数据库（WIOD）。这一投入产出表属于价值型投入产出表，可以用来测算一国从国际分工中获得的全部增加值 $GVCs_{income}$，但是，由于缺少各国各产业的劳动力投入数量和劳动增加值份额，无法直接计算 $GVCs_{labor}$ 与 $GVCs_{job}$。在 WIOD 的社会经济账户中，提供了资本与劳动增加值份额，各国各产业的就业总数及高、中、低技术劳动力所占比例，可以间接求得 $GVCs_{labor}$ 与 $GVCs_{job}$，并最终得到 $GVCs_{wage}$。

# 第三节　中国制造业就业规模、质量与 GVCs 发展

这一部分将展示上文介绍的 $GVCs_{job}$ 规模、质量测算结果，从规模和质量两个层面展现中国制造业在 GVCs 中战略定位和发展重心的变化，说明"低端锁定"现象是否延续，同时为下一部分求解 $GVCs_{wage}$ 提供数据支撑。

## 一　从就业规模看中国制造业 GVCs 战略定位

首先，从时间维度描绘中国制造业就业规模。表 3-1 中 $GVCs_{job}$ 为中国就业总数，由 WIOD 的社会经济账户提供，$DV'$、$FV'$ 和 $IV'$ 由式（3-1）、式（3-2）和式（3-3）求得。第（1）列中国就业总数和第（2）列制造业就业总数显示，17 年来中国制造业就业保持上升趋势，约增长了 5000 万人，达到 1.5 亿人，约占中国就业总量的 20%。相比农业（34%）和服务业（46%），制造业吸纳就业的能力并不突出。第（3）列制造业就业国内贡献 $DV'$ 占总就业 $DV'$ 的份额（17.09%），也不是三次产业国内就业贡献的主力。

与国内贡献 $DV'$ 不同，制造业国外贡献 $IV'$ 是海外流入中国工作岗位总量的主要成分（约 35%）。中国制造业就业岗位国外贡献约从 1200 万个增至 2500 万个，与 2011 年服务业海外流入岗位 2500 万个相当，多于农业的 1700 万个。第（5）列表明，中国制造业流出岗位约为 830 万个，占中国三次产业流出岗位的半数。综上所述，制造业不是中国就业总量的主力，而是中国与海外工作流动的主体，也是就业受 GVCs 分工体系影响的主要部门，使就业数据具备展现中国制造业在 GVCs 中战略定位的条件。Fally（2011）的相关研究表明，与服务业相比，制造业价值链具有更强的可分性，这意味着，制造业 GVCs 有更多的中间分工环节，涉及更多的中间产品进出口活动，自然包含大量的国内外工作流动，这与本章就业数据呈现的结果保持一致。

表 3-1　　　　　1995—2011 年中国制造业工作岗位流入、流出情况

单位：千个，%

| 年份 | (1) $GVCs_{job}$ | (2) 制造业就业总数 | | (3) 制造业 $DV'$ | | (4) 制造业 $IV'$ | | (5) 制造业 $FV'$ | |
|---|---|---|---|---|---|---|---|---|---|
| | | 绝对值 | 制造业/三次产业 | 绝对值 | 制造业/三次产业 | 绝对值 | 制造业/三次产业 | 绝对值 | 制造业/三次产业 |
| 1995 | 680649.25 | 104479.90 | 15.35 | 92447.22 | 14.64 | 12032.70 | 24.52 | 1516.90 | 50.79 |
| 1996 | 689499.35 | 108029.50 | 15.67 | 96693.89 | 14.97 | 11335.57 | 26.03 | 1570.42 | 51.49 |
| 1997 | 698199.31 | 109581.20 | 15.69 | 97166.07 | 14.96 | 12415.13 | 25.48 | 1923.42 | 51.42 |
| 1998 | 706369.40 | 110055.30 | 15.58 | 97607.93 | 14.78 | 12447.33 | 27.17 | 1992.23 | 46.44 |
| 1999 | 713939.41 | 107097.60 | 15.00 | 94835.77 | 14.17 | 12261.86 | 27.55 | 2013.24 | 45.17 |
| 2000 | 720848.92 | 104641.60 | 14.52 | 90932.75 | 13.58 | 13708.85 | 26.76 | 2467.87 | 44.88 |
| 2001 | 730249.11 | 104164.80 | 14.26 | 91262.87 | 13.40 | 12901.89 | 26.22 | 2797.17 | 44.59 |
| 2002 | 737399.13 | 99708.61 | 13.52 | 86488.85 | 12.67 | 13219.76 | 24.12 | 3169.41 | 44.23 |
| 2003 | 744319.10 | 103427.90 | 13.90 | 88051.27 | 12.91 | 15376.64 | 24.75 | 3782.98 | 46.49 |
| 2004 | 751999.14 | 113741.10 | 15.13 | 93773.65 | 13.73 | 19967.40 | 28.88 | 4761.31 | 48.80 |
| 2005 | 758248.81 | 124414.60 | 16.41 | 101611.20 | 14.90 | 22803.35 | 29.80 | 5128.46 | 50.43 |
| 2006 | 763998.87 | 131958.20 | 17.27 | 106460.40 | 15.61 | 25497.72 | 31.07 | 6147.33 | 52.47 |
| 2007 | 769898.84 | 141783.70 | 18.42 | 114922.90 | 16.68 | 26860.82 | 33.18 | 6431.45 | 52.81 |
| 2008 | 774798.93 | 144829.60 | 18.69 | 118158.30 | 16.95 | 26671.29 | 34.36 | 6538.94 | 51.94 |
| 2009 | 779950.00 | 148775.00 | 19.07 | 126609.40 | 17.66 | 22165.64 | 35.08 | 5908.47 | 48.81 |
| 2010 | 799347.50 | 160513.50 | 20.08 | 133569.10 | 18.37 | 25070.18 | 35.64 | 7398.32 | 49.20 |
| 2011 | 808564.80 | 151426.20 | 18.73 | 126301.80 | 17.09 | 25124.36 | 36.04 | 8368.45 | 48.36 |

资料来源：由世界投入产出数据库（WIOD）整理得到。

　　其次，从国别角度汇报中国制造业工作岗位的流入、流出情况。图3-1按工作来源呈现了中国制造业就业的分解结果，欧美日代表发达经济体对中国制造业就业的贡献，"一带一路"和世界其他经济体（Rest of the World，ROW）反映新兴经济体的工作流入数量，这三部分涵盖了约80%的制造业海外工作流入，能够近似体现中国制造业就业国外贡献的国别结构。中国加入WTO以前，欧美日等发达经济体是中国制造业获得海外工作岗位的主要途径，1995—2001年柱状图60%以上由欧美日组成，"一带一路"沿线国家占比不足10%。随着中国加入WTO，GVCs参与度不断提升，中国制造业承接国外分工的机会增加，国别结构也有明显变化。从发达经济体流入中国制造业的工作占比减少，新兴经济体占比有所上升，到国际金融危机前夜的2007年，"一带一路"沿线国家占比增加一倍，达到15%。国际金融危机爆发后，主要发达国家将应对国内困局作为首要经济目标，提出重振制造业计划，对海外的需要减少，加速了GVCs主要市场由北方国家向南方国家的转换（Kaplinsky and Farooki，2011）。受其影响，欧美日流入中国制造业的工作份额和绝对值都出现萎缩，新兴国家超过发达国家，成为中国制造业就业国外贡献的主体，从"一带一路"沿线国家获得的新增就业弥补了欧美日制造业厂商撤离后的缺失。

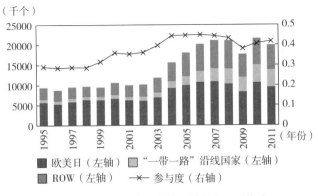

图 3-1　中国制造业海外工作流入 $IV'$ 构成

资料来源：由世界投入产出数据库（WIOD）整理得到。

　　中国制造业海外岗位吸纳数量在逐年递增，为其他经济体提供的就业数量也大幅提升。"一带一路"沿线国家不仅是中国制造业新增就业的来源地，也从中国制造业承接了大量分工任务，双方体现出较强的互补性。如图3-2所示，柱状图内中国制造业流向海外的工作主要被"一带一路"沿线国家吸收。这一方面与中国、"一带一路"沿线国家制造业劳动要素投入比例都偏高的生产方式有关，另一方面与双方在产业间、产业内的竞争优势分布点关系密切。魏龙和王磊（2016）从价值链分工环节技术含量的高低差异进行解释，他们的研究结果指出，中国相对"一带一路"沿线国家制造业，处于更高端环节，避免了双方在价值链内同一环节展开激烈竞争。微观企业分析支持中国制造业分工地位提升的观点，Kee和Tang（2016）测算了中国2000—2006年的国内增加值，加工贸易企业国内增加值比例上升10%，本国产品逐渐替代中间进口产品。这与中国制造业嵌入GVCs后被"俘获""锁定"于GVCs低端环节的传统观点不完全相同。结合图3-1、图3-2可知，中国制造业在GVCs中的战略定位已经从单纯依靠发达国家发包转换为向上承接欧美日等发达经济体相对高端的分工活动，向下带动"一带一路"沿线新兴经济体发展的"夹心层中心"和"双环流枢纽"（张辉，2015）态势。若"双环流枢纽"的地位确实成立，说明中国制造业逐步从低端环节向中、高端环节过渡。下面将从中国制造业就业

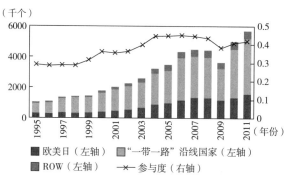

图3-2　中国制造业国内工作流出 *FV'* 构成

资料来源：由世界投入产出数据库（WIOD）整理得到。

质量的角度做具体分析。

## 二　从就业质量看中国制造业 GVCs 发展重心

本章在分析中国制造业 GVCs 发展重心的变化趋势时，将就业指标分解为高、中、低技术劳动力，兼顾了质量和规模两个维度，客观呈现中国制造业 GVCs 发展重心是否由低端领域向中、高端领域转移。从年均增速来看，1995—2009 年中国制造业高技术和中等技术劳动力平均增速高于欧美日等发达经济体，也超过了"一带一路"沿线的新兴经济体。伴随着高增速，高技术总就业增长 3 倍，海外流入规模有 5 倍提升。1995—2000 年，这两项指标落后于表 3-2 中中其他经济体，尤其是从海外吸收的高技术岗位，不足美国的 1/2、欧洲四国的 1/3。到 2007—2009 年，中国制造业海外吸收高技术岗位规模已经与欧洲四国、"一带一路"沿线 14 国相当，吸收中等技术岗位规模远超表 3-2 中其他经济体。制造业就业质量持续改善，更多地承担 GVCs 中、高端环节，GVCs 发展重心具有由低附加值环节向中高端环节转移的趋势。

中、高技术劳动力规模显著扩张，而低技术劳动力仍是中国制造业就业的主体。横向比较中国三类劳动力 1995—2009 年的表现，不难发现：时至 2009 年，58% 的中国制造业就业属于低技术。低技术劳动力过半的事实，说明中国制造业短期内不能放弃这部分岗位，转型升级也无法一蹴而就，需要经历一个长期、渐进的过程。维持低技术制造业就业稳定，加速中、高端就业规模扩张，有利于就业质量的稳步提升，平稳向中、高端环节过渡。表 3-2 显示，中国制造业低技术劳动力就业整体平稳，但是海外流入的低技术岗位在 2007 年后出现隐忧。对比中国和"一带一路"沿线国家相关数据，中国 14.9% 的低技术岗位来自海外，后者达到 18.2%。"一带一路"沿线国家对低端就业的吸收能力呈现超越中国的趋势，这与前文描述的跨国公司代工企业迁往周边国家以及"一带一路"成为中国制造业主要接包方情况一致。中国制造业在 GVCs 低技术环节竞争力下降，一方面源于自身发展重心由低端环节向中、高端环节

表 3-2　中国与其他经济体高、中、低技术劳动力就业对照

单位：%，千个

| 时段 | 国家（地区） | 高技术劳动力就业 | | | 中等技术劳动力就业 | | | 低技术劳动力就业 | | |
|---|---|---|---|---|---|---|---|---|---|---|
| | | 增速 | 规模 | 流入 | 增速 | 规模 | 流入 | 增速 | 规模 | 流入 |
| 1995—2000年 | 欧洲 | 2.58 | 3106.31 | 841.01 | 0.56 | 10511.51 | 2779.84 | -3.57 | 7633.69 | 1900.86 |
| | 美国 | 1.90 | 3882.52 | 523.11 | 0.33 | 12240.63 | 1502.97 | -2.88 | 2678.98 | 287.81 |
| | 日本 | 1.06 | 2160.70 | 300.54 | -0.79 | 8378.76 | 1092.98 | -8.65 | 2513.83 | 308.78 |
| | 中国 | 6.12 | 2037.44 | 246.17 | 2.19 | 39916.88 | 4629.48 | -1.40 | 65359.85 | 7491.26 |
| | "一带一路"沿线国家 | 5.21 | 4442.23 | 756.83 | 2.02 | 32998.97 | 5911.03 | 0.21 | 42413.06 | 6313.63 |
| 2001—2006年 | 欧洲 | 1.14 | 3455.78 | 1046.99 | -1.25 | 10196.27 | 3022.99 | -3.72 | 6163.86 | 1668.92 |
| | 美国 | -0.80 | 3802.81 | 527.83 | -3.96 | 10232.55 | 1268.93 | -4.07 | 2080.88 | 224.75 |
| | 日本 | -0.04 | 2174.15 | 408.21 | -1.41 | 7600.00 | 1328.83 | -6.32 | 1418.80 | 229.04 |
| | 中国 | 14.41 | 3429.13 | 613.55 | 3.09 | 44009.27 | 7198.30 | 4.25 | 65464.11 | 10482.61 |
| | "一带一路"沿线国家 | 4.97 | 6479.41 | 1153.19 | 1.40 | 37746.67 | 7327.54 | 0.79 | 45474.71 | 7146.09 |

续表

| 时段 | 国家（地区） | 高技术劳动力就业 | | | 中等技术劳动力就业 | | | 低技术劳动力就业 | | |
|---|---|---|---|---|---|---|---|---|---|---|
| | | 增速 | 规模 | 流入 | 增速 | 规模 | 流入 | 增速 | 规模 | 流入 |
| 2007—2009年 | 欧洲 | 1.05 | 3663.99 | 1201.65 | -1.76 | 9776.72 | 3164.93 | -5.17 | 5121.88 | 1503.10 |
| | 美国 | -2.90 | 3652.48 | 614.75 | -5.77 | 8895.59 | 1354.15 | -9.98 | 1611.94 | 218.87 |
| | 日本 | -7.75 | 1975.23 | 460.60 | -7.39 | 6854.48 | 1479.84 | -7.25 | 1199.78 | 238.27 |
| | 中国 | 4.25 | 5380.08 | 1017.82 | 4.94 | 54922.09 | 9716.94 | 3.60 | 84827.29 | 12670.82 |
| | "一带一路"沿线国家 | 1.96 | 7247.33 | 1244.66 | -0.13 | 38851.95 | 6921.01 | 3.59 | 52358.87 | 9558.21 |
| 1995—2009年 | 欧洲 | 1.63 | 3390.26 | 1014.08 | -0.71 | 10227.09 | 2980.56 | -3.98 | 6413.31 | 1709.59 |
| | 美国 | -0.29 | 3813.64 | 546.80 | -2.82 | 10676.34 | 1373.09 | -4.91 | 2179.50 | 244.78 |
| | 日本 | -1.30 | 2133.32 | 383.27 | -2.47 | 7709.20 | 1282.10 | -7.35 | 1722.28 | 257.06 |
| | 中国 | 9.27 | 3373.20 | 572.20 | 3.16 | 45103.16 | 6848.78 | 2.09 | 69538.54 | 10267.10 |
| | "一带一路"沿线国家 | 4.41 | 5946.17 | 1040.71 | 1.29 | 36361.03 | 6786.56 | 1.65 | 48564.16 | 7979.28 |

资料来源：由世界投入产出数据库（WIOD）整理得到。

转移，另一方面和中国周边更多后发经济体嵌入 GVCs 低附加值环节关系密切，对中国构成挤出风险。下一节将比较中国和各国的制造业平均工资，分析中国在低端环节是否面临其他后发经济体的挑战，诠释 GVCs 中的"挤出效应"。

## 第四节　GVCs 分工体系下制造业工资与"挤出效应"

就业数量、质量的变化共同反映了中国制造业在 GVCs 中发展重心的转变过程，这一部分将中国与其他国家的工资水平进行横向比较，体现中国制造业在 GVCs 中竞争优势的变化趋势，从而验证中国是否已经受到新"工资洼地"的挑战，存在被挤出 GVCs 的风险。

本章基于三种技术水平劳动力的就业数据与劳动要素总报酬测算各国高、中、低技术制造业的平均工资，直观呈现劳动力个体的工资变化，也是对各国平均用工成本的一次展示，测算结果如图 3-3 至图 3-6 所示。图 3-3 为中国和其他国家制造业的平均工资，可以发现发达国家与发展中国家制造业的工资水平差距悬殊。代表欧美

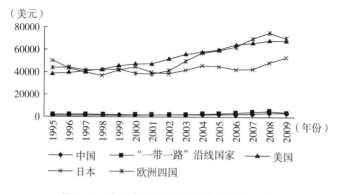

**图 3-3　中国与其他国家制造业平均工资**

资料来源：由世界投入产出数据库（WIOD）整理得到。

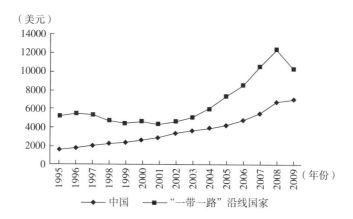

**图3-4 中国与"一带一路"沿线国家高技术制造业工资**

资料来源：由世界投入产出数据库（WIOD）整理得到。

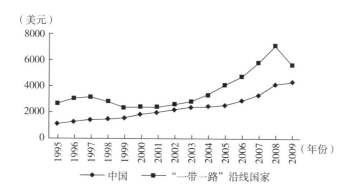

**图3-5 中国与"一带一路"沿线国家中等技术制造业工资**

资料来源：由世界投入产出数据库（WIOD）整理得到。

日等高收入经济体的曲线集中在4万—8万美元，中国和"一带一路"沿线国家的平均工资曲线始终位于1万美元下方，属于另一个区间，同期两个收入区间差距达到几十倍。这一巨大差距一定程度上解释了中国制造业嵌入GVCs后就业数量明显增加、质量显著改善且已经具有升级趋势时，总给人"低端锁定"印象的原因。人均收入相差数万美元，想赶超不是一朝一夕的事情，映射到中国与发达国家制造业的技术差距，试图通过转型升级抹平技术差距，也需要经历一个长期、渐进的过程。

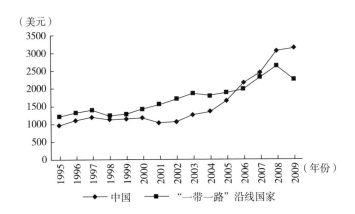

**图3-6 中国与"一带一路"沿线国家低技术制造业工资**

资料来源：由世界投入产出数据库（WIOD）整理得到。

转型过程中推行创新驱动发展战略，创新能力和先进技术越来越成为中国竞争力的来源，结合中国制造业传统的低成本优势，有利于我国中高端制造业的发展，赢得更多的中高端分工任务。如图3-4、图3-5所示，中国中、高端制造业的工资成本始终低于"一带一路"沿线国家；能够供给的中、高技术劳动力比"一带一路"沿线14国的总和还多（见表3-2），人才和成本竞争力正是中、高端制造业竞争力的关键驱动因素。相比中、高端制造业强调创新能力，传统制造业更加倚仗成本优势。海量廉价的低技术劳动力一直是我国嵌入GVCs的一大竞争优势，当前这一优势已经式微。如图3-6所示，2006年中国制造业低技术劳动力年薪已经超过"一带一路"沿线14国，2009年超出幅度进一步扩大，削弱了中国在GVCs低端环节的竞争力。

通过图3-4至图3-6呈现的中外高、中、低劳动力工资横向比较，可知中国制造业在劳动力成本方面的比较优势呈现出由低技术领域向中、高端领域转移的趋势。所以，中、高端领域吸纳海外岗位能力增强，在低技术领域呈现"挤出效应"。鉴于当前中国制造业在中、高端环节尚未建立绝对优势时低附加值环节已经面临后发经济体的挑战，低端环节劳动力成本上升引发的"挤出"风险成为中国制造业沿着 GVCs 攀升时亟待解决的问题。为了规避"挤出"风险，需要重新思考中国制造业在 GVCs 中的定位和竞争优势所在，采取有针对性的产业政策，使我国制造业发挥比较优势，为进一步转型升级打下坚实基础。

# 第五节　本章小结

技术和创新能力是抢占制造业高端环节的关键因素，对制造业低端环节的掌控有赖于成本优势。当前，中国制造业转型升级尚在进行中，技术和创新能力方面不如欧美日等发达经济体；用工成本方面，中国相对"一带一路"沿线国家已经不具备绝对优势。传统意义上的人口红利趋于消失时，挖掘第一次人口红利的潜力、创造第二次人口红利有利于获得新的经济增长源泉（蔡昉和王美艳，2014）。在技术绝对高度和劳动力绝对低廉均不占优的情况下，通盘考虑技术含量和用工成本这两方面，可以发掘中国制造业的竞争优势所在——中、高端环节规模庞大且廉价的劳动力供给。当中国制造业的竞争优势由完全依靠成本优势转为技术与成本并重时，其GVCs 定位也应由专注组装、加工环节的"世界工厂"适时调整为连接发达国家和新兴经济体的"双环流枢纽""夹心层中心"。本章提出以下政策建议，以期有助于中国制造业在新的分工位置形成比较优势。

第一，短期内发挥人口红利余热，避免劳动力成本过快增长。当前，中国制造业企业在土地租金、税收等方面已经面临较大压力，劳动力成本是少数具有国际竞争力的要素支出项目，近年来也出现了大幅上涨。在过高的成本压力下，不仅是跨国公司，本土制造业出逃海外的现象也已经发生，这是GVCs的"挤出效应"在起作用。当转型升级的阵痛显现时，避免劳动力成本过快增长将有效减少企业负担，为中国制造业企稳回升、转型升级赢得时间。减少劳资双方合约订立限制，尽量放宽合约的自由选择，以降低劳资合同中的交易费用，在达成更多分工合作意向的同时促进竞争、提高生产效率（张五常，2014）。

第二，中期主导"一带一路"区域价值链（Regional Value Chains，RVCs），使中国制造业成为RVCs内技术制高点。受"挤出效应"的影响，中国制造业从低附加值环节获得分工收益的发展方式已经遭受新"工资洼地"的挑战。超越欧美日等发达经济体，占据GVCs中的高附加值环节尚需时日。顺应竞争优势的变化趋势，选择合适的发展空间和发展方式是中国制造业实现转型升级的关键一步。实行"一带一路"倡议，构建RVCs，中国制造业将从嵌入欧美日主导的GVCs转换为自我主导的RVCs。在发展空间上，既保持了与欧美日等发达经济体的密切联系，也开拓了"一带一路"沿线的新兴经济体。在发展方式上，中国成为区域内的技术制高点，获得进入价值链中高端环节的机会，这有利于中国制造业创新能力的提高。

第三，长期应重视人才培养，缩短中国制造业与欧美日制造业强国的技术差距。中国制造业中、高技术劳动力规模迅速扩张，伴随创新驱动发展战略的实施，中国制造业向GVCs高端环节攀升、转型为先进制造业的趋势将越发明显。而越顶尖的技术越离不开优秀的人才，GVCs中高端环节的争夺最终将演化为人才的竞争。重视人才培养，通过扩大教育和培训幅度提高人力资本水平，是改善人才质量的必由之路。鉴于合格劳动力的获得仍然是许多国家面临的挑战，全球高管已经将组织以外的人才视为争夺目标。尊重人才，提高人才待遇，成为留住人才、吸引人才的重要途径，对人才的投资也成为对制造业竞争力的真正投资。

# 第四章 中国制造业加工贸易产业 转移所需关税核算

基于前文提出的"挤出风险",本章选择中美贸易摩擦这一实际"脱钩"行动为研究对象,调查了近期对中国生产的商品征收的关税是否会导致现在位于中国的加工贸易制造厂迁移到美国。通过采用假设提取方法和 GVCs 收入核算方法,我们比较了中国和美国制造业的生产成本。我们的估计表明,转移加工贸易企业至美国所需的平均关税税率为 48.15%,远高于目前的 25% 关税水平。然而,将中国加工工厂转移到墨西哥所需的平均关税税率仅为 20.32%。这一结论凸显了培育国际竞争新优势、实现价值链升级的紧迫性和必要性。

## 第一节 中美贸易摩擦加征关税的经过

2001 年中国加入 WTO,不仅加速了全球化进程,也影响了许多跨国公司的战略布局决策。为了获取经济租值并增强竞争优势,福特和 IBM 等公司将 GVCs 中劳动密集程度最高的环节转移到中国,减少了在美国的垂直一体化水平,同时,将研发设计和营销活动保留在美国。由于 GVCs 沿线的每个环节产生的附加值并不相同——例如组装环节和原始设备制造商(OEM)活动包含的增加值较少——大量低附加值的工作机会和外包任务在中国等生产成本较低的发展中国家进行(Kogut,1985;Gereffi,1999;Gereffi et al.,2005)。

按不变价格计算，中国的出口总值从 2001 年的 3300 亿美元增加到 2017 年的超过 2.2 万亿美元（中国国家统计局，2018）。2017年美国是中国最大的出口国家，价值约 5000 亿美元，而 2017 年美国向中国出口为 1300 亿美元。此外，部分中国产品在美国市场占有很高的份额，如玩具和雨伞（82%）、鞋类（63%）、家具（50%）和电子设备（41%）（联合国商品贸易统计数据库，2015）。美国部分政客始终将不断扩大的对华贸易逆差视为美国国内制造业发展和与之相关的蓝领工作的主要障碍。因此，2018 年 7 月美国开始对第一批 340 亿美元的中国进口商品征收 25% 的关税，随后在 8 月对第二批 160 亿美元的中国进口商品征收 25% 的关税。终于，在 2018年 9 月，由于两国未能就技术转让、知识产权和农产品贸易达成协议，美国对 2000 亿美元的中国商品征收 10% 的关税，并于 2019 年5 月中旬将关税水平提高到 25%。与此同时，中国于 2018 年 7 月和8 月开始对价值 500 亿美元的美国钢铁、铝、食品和农产品征收25% 的关税，随后在 2018 年 9 月对价值 600 亿美元的美国商品征收5%—10% 的关税。自 2019 年 6 月 1 日起对 600 亿美元的美国商品清单中加征关税的部分加征 25%、20% 或 10% 的关税。2019 年 6 月29 日日本 G20 峰会后，美中贸易谈判重回正轨。也就是说，美国不会对中国进一步征收关税，中国将从美国进口大量农产品。最终在2020 年 1 月 15 日，美国和中国签署了"第一阶段"贸易协议。中国将在两年内增加 2000 亿美元对美国商品和服务的购买，以换取根据"中美经贸协议"取消部分关税。

一项基于多国一般均衡模型的研究评估了 45% 的进口关税对中国出口的影响，以及中国对美国出口征收 45% 的进口关税的影响。Guo 等（2018）评估认为，中国将受到负面影响（实际工资损失0.03%），但美国损失相对更多（实际工资损失 2.25%）。原因是中国既可以依靠其庞大的国内市场，也可以依靠世界其他地区来维持其"世界工厂"的角色，而美国则必须自己供应或进口相对昂贵的产品，这将损害本国的福利。此外，高盛（Goldman Sachs，2017）

的一项研究评估了面对更高关税时产业转移所需的资本和时间成本。研究结果表明，如果在美国生产制造，服装的生产成本可能会增加46%，智能手机的生产成本可能会增加37%。而且，由于中美都从对方进口了大量中间产品，中美双边的出口增加值深深地嵌入对方的最终产品中。当国内最终产品在国外中间产品中的含量较高时，政府操纵贸易条件的动力较小，从而导致进口关税降低。例如，福特汽车使用的收音机和车轮都是中国制造的。另外，当国外最终产品中国内中间产品的占比较高时，一些额外成本会受贸易保护的影响在价值链上转回到国外供应商，从而降低它们的竞争力（Blanchard et al.，2016）。例如，从中国进口的计算机和电子产品装载美国设计的中央处理器和操作系统。如果美国提高对来自中国的此类计算机的关税，英特尔和苹果等美国公司将受到影响。事实上，成熟经济体将其低技术的劳动密集型生产转移到工资较低的国家，同时将战略性和高附加值的工人和岗位留在国内（Timmer et al.，2015）。上述结论得到了相关研究（Los et al.，2016）的证实，该研究依赖于一种假设的提取方法来计算43个经济体之间的就业流动和产业转移。然而，在该研究中作者在加工贸易和一般贸易中使用了相同的增值系数向量。事实上，中国改革开放以来长期依赖加工贸易，这意味着出口企业长期位于GVCs的最后一部分，因为它们只在出口前将外国组件组装成最终产品（Koopman et al.，2008）。由于没有声明加工贸易比一般贸易具有更高的外国中间产品投入比例，他们的方法高估了国内增加值和出口中的就业机会。同时，Dedrick等（2010）、Gereffi和Lee（2012）对在中国组装并出口的智能手机和个人电脑进行了案例分析。他们发现中国加工贸易国内增加值的比例不到5%，而一般贸易国内增加值份额接近60%（Koopman et al.，2010）。上述分析解释了高盛（Goldman Sachs，2017）对智能手机案例研究得出的结论，在关税增加到37%的压力下，显示器、内存、电池甚至总装业务可能会转移到美国，而半导体生产代工等高附加值活动则不太可能转移出中国。

## 第二节  假设提取法在产业转移中的运用

### 一  出口国内增加值和假设提取法

为了估算加工贸易企业产业转移所需的关税，我们将比较美国和中国完成关税后相同生产过程的要素成本，评估要素价格对于计算要素成本至关重要。对出口总值的简单衡量并不能直接提供这一信息，需要进行增加值分解。为此，我们依赖世界投入产出数据库（WIOD）的社会账户，因为它们提供必要的增加值贸易信息，以衡量每个行业的双边贸易中的劳动力和资本价格。我们参考 Los 和 Timmer（2018）使用双边出口增加值（VAX）的三个组成部分的分类方法：直接出口增加值（VAXD）（Los et al.，2016；Wang and Wei，2018）、国外消费本国增加值（VAXC）（Johnson and Noguera，2012）和海外生产最后阶段使用的本国增加值（VAXP）。这些指标通过将投入产出表中的贸易流量数据转换为出口增加值（VAX），使对要素成本的估计成为可能。

我们假设参与国际贸易的国家可以分为以下三类：（1）在双边贸易中从其他国家吸收增加值的国家，用 VAX 指标左下标表示；（2）VAX 指标右下标表示被其他国家吸收增加值的国家；（3）双边贸易之外的国家。在第三种情况下，我们不会在 VAX 指标中添加任何下标。例如，$VAXD_{12}$ 代表国家 1 从直接出口到国家 2 产品中吸收的附加值。式（4-1）和式（4-2）中变量的含义如下：$V$ 代表增加值系数向量，其元素表示每单位产出的要素支出（工资、租金、税收）；向量 $V_1$ 提供国内要素支出在国家 1 总产出中的份额；$B$ 是著名的列昂惕夫逆矩阵；$Y$ 是最终的需求向量；$Y_1$ 代表国家 1 的最终产品。我们可以通过将这些向量相乘来获得总产出中的要素支出增加值。这将产生一个出口增加值矩阵 $VBY$，如式（4-2）所示。

$$V = \begin{bmatrix} V_1 & V_2 & V_3 \end{bmatrix}, \quad A = \begin{bmatrix} A_{11} & A_{12} & A_{13} \\ A_{21} & A_{22} & A_{23} \\ A_{31} & A_{32} & A_{33} \end{bmatrix}, \quad B = \begin{bmatrix} I-A_{11} & -A_{12} & -A_{13} \\ -A_{21} & I-A_{22} & -A_{23} \\ -A_{31} & -A_{32} & I-A_{33} \end{bmatrix}^{-1}$$

$$(4-1)$$

$$VBY = \begin{bmatrix} V_1 B_{11} Y_1 & V_1 B_{12} Y_2 & V_1 B_{13} Y_3 \\ V_2 B_{21} Y_1 & V_2 B_{22} Y_2 & V_2 B_{23} Y_3 \\ V_3 B_{31} Y_1 & V_3 B_{32} Y_2 & V_3 B_{33} Y_3 \end{bmatrix}$$

$$(4-2)$$

$$GDP_1 = V_1 B_{11} Y_1 + V_1 B_{12} Y_2 + V_1 B_{13} Y_3 \tag{4-3}$$

国家 1 的 GDP 可以通过汇总国家 1 的要素支出来计算,如式 (4-3) 所示。式 (4-4) 中,$Y_{12}$ 是国家 1 对国家 2 的最终产品出口,$B'$ 表示直接消费系数矩阵 $A$ 中不包含国家 1 到国家 2 中间产品投入的列昂惕夫逆矩阵(因此 $A_{12} = 0$)。由于式 (4-4) 中的模型在计算假设的 GDP($GDP'$)时没有考虑国家 1 到国家 2 的中间出口和最终出口中的增加值,Los 等 (2016) 称之为假设提取法。

$$Y_1 = Y_{11} + Y_{12} + Y_{13} \quad GDP'_1 = V_1 B'_{11}(Y_1 - Y_{12}) + V_1 B'_{12} Y_2 + V_1 B'_{13} Y_3 \tag{4-4}$$

$$A = \begin{bmatrix} A_{11} & 0 & A_{13} \\ A_{21} & A_{22} & A_{23} \\ A_{31} & A_{32} & A_{33} \end{bmatrix}, \quad B' = \begin{bmatrix} I-A_{11} & 0 & -A_{13} \\ -A_{21} & I-A_{22} & -A_{23} \\ -A_{31} & -A_{32} & I-A_{33} \end{bmatrix}^{-1}$$

$$VAXD_{12} = GDP_1 - GDP'_1 \tag{4-5}$$

式 (4-5) 代表国家 1 从直接出口到国家 2 的产品中吸收的增加值。由于 $VAXD_{12}$ 涉及的国家 1 和国家 2 之间的贸易量属于直接出口,因此该公式仅考虑了国家 1 和国家 2 之间的直接跨境交易。从国家 1 到国家 3,再从国家 3 到国家 2 的间接贸易没有被包括其中,即 $VAXD_{12}$ 对应于国家 1 的实际 GDP($GDP_1$)减去不包括国家 1 到国家 2 直接出口时的假设 GDP($GDP'_1$)。

如果国家 2 的最终产品消费变为零,则国家 1 的假设 GDP 如式 (4-6) 所示,变为($GDP_1^{\#}$)。由于国家 2 不会消费任何最终产品,因此国家 1 无法通过直接出口和间接出口从国家 2 来吸收增加值。

国家 2 的最终产品消费由 $Y_{12}$、$Y_{22}$、$Y_{32}$ 组成。因此，$VAXC_{12}$ 代表国家 1 从国家 2 的最终产品消费中吸收的增加值。但是，在国家 1 和国家 2 之间没有直接双边贸易的情况下仍然可能存在增加值流动。

$$GDP_1^\# = V_1 B_{11}(Y_1 - Y_{12}) + V_1 B_{12}(Y_2 - Y_{22}) + V_1 B_{13}(Y_3 - Y_{32}) \quad (4-6)$$

$$VAXC_{12} = GDP_1 - GDP_1^\# \quad (4-7)$$

$$VAXC_{12} = V_1 B_{11} Y_{12} + V_1 B_{12} Y_{22} + V_1 B_{13} Y_{32} \quad (4-8)$$

当国家 2 不再生产最终产品时，假设 GDP（$GDP_1^*$）如式（4-9）所示。$VAXP_{12}$ 是反映国家 1 从国家 2 的最终产品生产中获得的增加值。这意味着 $VAXP_{12}$ 涉及的增值流量仅包含在国家 1 的中间出口中。

$$GDP_1^* = V_1 B_{11} Y_1 + V_1 B_{13} Y_3 \quad (4-9)$$

$$VAXP_{12} = GDP_1 - GDP_1^* = V_1 B_{12} Y_2 \quad (4-10)$$

本章选择 $VAXD_{12}$ 作为要素支出的指标，是因为 $VAXC_{12}$ 包括从间接出口吸收的增加值。例如，如果美国对中国商品征收高额进口关税，则不会影响中国商品先出口到日本，然后再出口到美国。在最极端的情况下，即国家 2 停止从国家 1 进口产品，从国家 1 到国家 2 的直接贸易流量将为零（$VAXD_{12} = 0$）。但是，国家 1 仍然可以通过同国家 3 进行贸易间接从国家 2 吸收增加值（$VAXC_{12} \neq 0$）。继续比较 $VAXD_{12}$ 与 $VAXP_{12}$，$VAXP_{12}$ 仅涉及被用于国家 2 最终产品生产的国家 1 中间产品出口增加值。从国家 1 出口到国家 2 的最终产品没有包含在 $VAXP_{12}$ 中。由于 $VAXP_{12}$ 不能涵盖双边出口中所有的国内增加值，因此，不宜采用该指标作为国家 1 从国家 2 吸收的要素支出。

因此，我们可以将 $VAXD_{12}$ 作为加征关税前的双边贸易要素支出。我们假设对国家 1 向国家 2 的出口产品征收高关税后，要素支出变为 $c_1$，如式（4-11）所示。

$$c_1 = VAXD_{12} + tariff \times E_{12} \quad (4-11)$$

## 二 加工贸易盛行时直接出口的国内增加值份额测算

上文已经建立了加征关税前后要素支出投入产出经济模型的框

架，需要引起注意的是，对加工贸易和一般贸易上述模型使用相关的增加值系数向量 $v_1$，但实际情况是，一般贸易和国内使用中包含的国内增加值份额远高于从中国到美国的加工贸易出口中国内增加值份额。例如，在中国为智能手机组装加工支付的工资仅占最终成本的 5%。然而，在美国加州完成的智能手机设计费用占成本的 15%—20%（Dedrick et al.，2010；Gereffi and Lee，2012）。加工贸易与一般贸易的国内增加值份额存在显著差异，使区分加工贸易和一般贸易中国内增加值的比重非常重要。

国际投入产出表的总体结构如图 4-1 所示。假设加工贸易出口占国家 1 货物贸易出口的份额巨大。此外，加工贸易中包含的国内增加值份额明显低于一般贸易中包含的国内增加值份额。图 4-2 举例说明了加工贸易出口和一般贸易出口之间国内增加值份额的差异。图 4-2 假设国家 1 的企业分为四类：提供本国使用的制造业产品企业（$D$）、从事加工贸易出口的制造业企业（$P$）、进行一般贸易出口的制造业企业（$N$）和提供服务业产品的企业（$S$）。那么，国家 1 吸收的增加值（$v_1$）也可以分为四部分：供本国使用的制造业产品中包含的增加值（$v_D^1$）、从加工贸易中吸收的增加值（$v_P^1$）、一般贸易中包含的增加值（$v_N^1$）和服务业产品贡献的增加值（$v_S^1$）。

| | | 中间使用 | | | 最终使用 | | | 总产出 |
|---|---|---|---|---|---|---|---|---|
| | | 国家1 | 国家2 | 其他 | 国家1 | 国家2 | 其他 | |
| 中间投入 | 国家1 | $Z_{11}$ | $Z_{12}$ | $Z_{13}$ | $Y_{11}$ | $Y_{12}$ | $Y_{13}$ | $X_1$ |
| | 国家2 | $Z_{21}$ | $Z_{22}$ | $Z_{23}$ | $Y_{21}$ | $Y_{22}$ | $Y_{23}$ | $X_2$ |
| | 其他 | $Z_{31}$ | $Z_{32}$ | $Z_{33}$ | $Y_{31}$ | $Y_{32}$ | $Y_{33}$ | $X_3$ |
| 增加值 | | $v_1$ | $v_2$ | $v_3$ | | | | |
| 总投入 | | $X_1$ | $X_2$ | $X_3$ | | | | |

图 4-1　国际投入产出表的结构

$v_1$ 被分解为四个部分，这使估计各部分在国家 1 到国家 2 的直接出口增加值份额成为可能。式（4-12）表示国家 1 从国家 2 吸收的直接出口增加值、加工贸易国内增加值。$\sum VAXD_{i2}$ 代表国家 1 的四类企业通过直接贸易从国家 2 吸收的国内增加值总和。

| | | 中间使用 | | | | | | 最终使用 | | | 总产出 |
|---|---|---|---|---|---|---|---|---|---|---|---|
| | | D部分 | P部分 | N部分 | S部分 | 国家2 | 其他 | 国家1 | 国家2 | 其他 | |
| 中间投入 | D部分 | $Z_{DD}$ | $Z_{DP}$ | $Z_{DN}$ | $Z_{DS}$ | $Z_{D2}$ | $Z_{D3}$ | $Y_{D1}$ | $Y_{D2}$ | $Y_{D3}$ | $X_D^1$ |
| | P部分 | $Z_{PD}$ | $Z_{PP}$ | $Z_{PN}$ | $Z_{PS}$ | $Z_{P2}$ | $Z_{P3}$ | $Y_{P1}$ | $Y_{P2}$ | $Y_{P3}$ | $X_P^1$ |
| | N部分 | $Z_{ND}$ | $Z_{NP}$ | $Z_{NN}$ | $Z_{NS}$ | $Z_{N2}$ | $Z_{N3}$ | $Y_{N1}$ | $Y_{N2}$ | $Y_{N3}$ | $X_N^1$ |
| | S部分 | $Z_{SD}$ | $Z_{SP}$ | $Z_{SN}$ | $Z_{SS}$ | $Z_{S2}$ | $Z_{S3}$ | $Y_{S1}$ | $Y_{S2}$ | $Y_{S3}$ | $X_S^1$ |
| | 国家2 | $Z_{2D}$ | $Z_{2P}$ | $Z_{2N}$ | $Z_{2S}$ | $Z_{22}$ | $Z_{23}$ | $Y_{21}$ | $Y_{22}$ | $Y_{23}$ | $X_2$ |
| | 其他 | $Z_{3D}$ | $Z_{3P}$ | $Z_{3N}$ | $Z_{3S}$ | $Z_{32}$ | $Z_{33}$ | $Y_{31}$ | $Y_{32}$ | $Y_{33}$ | $X_3$ |
| 增加值 | | $v_D^1$ | $v_P^1$ | $v_N^1$ | $v_S^1$ | $v_2$ | $v_3$ | | | | |
| 总投入 | | $X_D^1$ | $X_P^1$ | $X_N^1$ | $X_S^1$ | $X_2$ | $X_3$ | | | | |

**图 4-2　加工贸易出口和一般贸易出口分开处理时的国际投入产出情况**

注：D 部分代表用于本国消费的商品，P 部分代表用于加工贸易的商品，N 部分代用于一般贸易的商品，S 部分代表服务产品。

$$VAXD_{12} = GDP_1 - GDP_1' = v_1 - v_1' \quad VAXD_{P2} = GDP_P - GDP_P' = v_P^1 - v_P^{1'}$$

$$\sum VAXD_{i2} = \sum (GDP_i - GDP_i') = \sum (v_i^1 - v_i^{1'}), \quad i = D, P, N, S$$

$$(4-12)$$

式（4-13）和式（4-14）验证了国家 1 的实际 GDP 或增加值在将国家 1 的增加值分成四部分之前和之后是相同。

$$GDP_1 = V_1(B_{11}Y_1 + B_{12}Y_2 + B_{13}Y_3) = V_1(X_{11} + X_{12} + X_{13}) = V_1 X_1 = v_1$$

$$(4-13)$$

$$\sum GDP_i = \sum \sum V_i B_{ij} Y_j = \sum \sum V_i X_{ij} = \sum V_i X_i = \sum v_i^1$$
$$= v_1, \quad i = D, P, N, S; \quad j = D$$

$$(4-14)$$

式（4-15）和式（4-16）表明，国家 1 的增加值分成四部分之前和之后，假设 GDP 值可能会发生变化。假设 GDP 由两个变量决定：总产出（$X$）和增加值系数（$V$）。如前文所述，假设提取法在计算假设 GDP 时忽略了国家 1 向国家 2 中间产品出口和最终出口中的国内增加值。如果我们将由国家 1 到国家 2 的最终产品出口（$Y_{12}$）和中间产品出口（$A_{12}X_2$）引致的总产出记为（$X_{12}^E$），这一指标在国家 1 的企业被分解为四部分前后并未发生变化（$X_{12}^E = \sum X_{i2}^E$）。另外，由于加工贸易增加值系数明显低于一般贸易，服务产品和国内使用的增加值系数 $V_1 \neq V_P < V_i$，$i = D$，$N$，$S$。因此，我们无法确定假设 GDP 在将国家 1 的 GDP 分解为四个部分后（$\sum GDP_i'$）不会发生变化。

$$GDP_1' = GDP_1 - VAXD_{12} = V_1(X_1 - X_{12}^E) - V_1 \sum (X_1 - X_{i2}^E)，i = D，P，$$
$$N，S$$

$$\sum GDP_i' = \sum (GDP_1 - VAXD_{i2}) = \sum V_i(X_i - X_{i2}^E)，i = D，P，N，S$$

$$(4-15)$$

$$VAXD_{12} - \sum VAXD_{i2} = \sum GDP_i' - GDP_1'$$
$$= \sum V_i(X_i - X_{i2}^E) - V_1 \sum (X_i - X_{i2}^E)$$
$$= V_1 \sum X_{i2}^E - \sum V_i X_{i2}^E，i = D，P，N，S$$

$$(4-16)$$

因此，基于以下假设，$V_i$ 和 $X_{i2}^E$ 之间的关系可以简化为式（4-17）：（1）加工贸易中增加值系数显著低于一般贸易、国内使用和服务产品；（2）国家 1 对国家 2 加工贸易出口产品在国家 1 加工贸易出口总额中的比重高于国家 1 对国家 2 一般贸易产品在国家 1 一般贸易出口总额中的比重。式（4-17）的第一部分代表国家 1 的国内使用、一般贸易和服务产品共享相同的增加值向量；第二部分表示国家 1 的大部分加工产品出口到国家 2；而流向国家 2 的一般商品和服务产品的比例较小。

$$V_D = V_N = V_S > V_P \quad \frac{X_{P2}^E}{X_P} > \frac{\sum X_{n2}^E}{\sum X_n} \Rightarrow \frac{X_{P2}^E}{\sum X_{n2}^E} > \frac{X_P}{\sum X_n}，n = D，N，S$$

$$(4-17)$$

结合式（4-16）和式（4-17），将国家 1 的企业分解为加工贸易企业和其他企业后，从双边贸易吸收的国内增加值较不区分加工贸易时减少。证明过程如式（4-18）、式（4-19）所示。

$$VAXD_{12} - \sum VAXD_{i2} = (V_1 - V_P) X_{P2}^E - \sum (V_N - V_1) X_{n2}^E$$

$$= \left( \frac{X_{P2}^E}{X_P} - \frac{\sum X_{n2}^E}{\sum X_n} \right) \times \frac{\sum v_1 X_P - v_P \sum X_n}{(X_P + \sum X_n)} > 0$$

$$V_1 - V_P = \frac{v_1}{X_1} - \frac{v_P}{X_P} = \frac{(v_P + \sum v_n) X_P - v_P X_1}{X_P (X_P + \sum X_n)} = \frac{\sum v_n X_P - v_P \sum X_n}{X_P (X_P + \sum X_n)}$$

$$V_N - V_1 = \frac{\sum v_i (X_P + \sum X_n) - (v_P + \sum v_i) \sum X_n}{\sum X_n (X_P + \sum X_n)}$$

$$= \frac{\sum v_i X_P - v_P \sum X_n}{\sum X_n (X_P + \sum X_n)} \tag{4-18}$$

$$VAXD_{12} > \sum VAXD_{i2} \tag{4-19}$$

为了快速识别 $VAXD_{12}$ 分解后的变化，我们在式（4-20）中引入了加工贸易指数（RPA）。指标 $RPA_{P2}$ 的结构类似于众所周知的显示比较优势指数（RCA 指数）（Balassa，1965）。与 RCA 指数通过判定一国产业的出口竞争力从而揭示该国在国际贸易中的比较优势相比，$RPA$ 捕获了双边贸易流量中加工贸易出口占总产出的比重。如果 $RPA > 1$，国家 1 和国家 2 双边贸易中的加工贸易占比大于国家 1 加工贸易占本国总产出的比重，此时 $VAXD$ 使用相同的增加值系数将被高估。如果 $RPA < 1$，国家 1 和国家 2 双边贸易中的加工贸易占比相对较低，此时 $VAXD$ 使用相同的增加值系数将被低估。仅有当 $RPA = 1$ 时，$VAXD$ 使用相同的增加值系数前后数字才会保持一致。

$$RPA_{P2} = \frac{X_{P2}^E}{\sum X_{n2}^E} \bigg/ \frac{X_P}{\sum X_n} , \quad n = D, \ N, \ S; \quad RCA_{ij} = \frac{E_{ij}}{\sum_i E_{ij}} \bigg/ \frac{\sum_j E_{ij}}{\sum_i \sum_j E_{ij}}$$

$$\tag{4-20}$$

最终，由于 $VAXD_{12}$ 夸大了加工贸易对国内增加值的贡献，本章选择 $\sum VAXD_{i2}$ 作为衡量双边贸易国内增加值的指标。

### 三　对 GVCs 分工环节转移的生产要素成本测算

本节介绍了制造业 GVCs 分工环节从一个国家转移到另一个国家所需成本的测算方法。我们假设制造业成本包括原材料（$Z_i$）和生产要素成本（$v_i$）。在中美贸易中，中国制造业长期从事 GVCs 的组装加工等生产最终环节，专注于将来自不同国家的零部件组装成最终产品，然后再出口到美国市场（Koopman et al.，2008）。如果这些 GVCs 分工环节转移到美国，美国仍然需要投入相同的原材料进行制造。参照高盛核算的方法（Goldman Sachs，2017），我们假设分工环节转移对原材料成本的影响可以忽略不计①。这里也不考虑任何搬迁成本（包括违反在中国的土地和产房合约，在美国建设和翻新设施的费用）。这是因为关税税率是按部门估算的，土地价格并非与特定经济部门挂钩。中美之间巨大的工资差距导致生产要素支出成为决定 GVCs 分工环节转移成本的主要组成部分。

$$X_i = Z_i + v_i \tag{4-21}$$

$$v_i = GDP_i = CAP_i + LAB_i = RC_i \times K_i + wage_i \times EMP_i，\quad i = 1，2，3，D，P，N，S \tag{4-22}$$

$GDP_i$ 或者要素成本支出（$v_i$）由劳动力的报酬（$LAB_i$）和资本的报酬（$CAP_i$）之和测算得到。劳动力和资本的价格分别是工资（$wage_i$）和资本回报率（$RC_i$）。完成分工任务所需的劳动力和资本用雇佣劳动力数量（$EMP_i$）和名义资本存量（$K_i$）表示。

假设美国有足够多的劳动力承接转移而来的分工任务，并且所需的生产要素数量保持不变，但是要素价格将会发生巨大变化。这是因为组装加工环节岗位在美国的工资为 15—25 美元/小时，而在

---

① 高盛（Goldman Sachs，2017）估计，在美国组装智能手机将导致每部智能手机的价格上涨 135 美元。其中 94% 的增长来自生产要素成本上扬，而材料仅占增长的 9%。此外，降低运输成本将导致最终成本节省 3%。

中国的工资仅为 2—3 美元/小时。下文用 $VAXD'_{i2}$ 代表原先从 $i$ 国进口，现在由本国生产等量产品所需的要素支出成本。

$$VAXD_{i2} = RC_i \times K_{i2} + wage_i \times EMP_{i2}$$

$$VAXD'_{i2} = RC_2 \times K_{i2} + wage_2 \times EMP_{i2}, \quad i = 1, 3, D, P, N, S \quad (4\text{-}23)$$

与从 $i$ 国进口加工贸易产品需要支付较低的要素支出成本和高关税相比，本国生产成本核算时仅需考虑要素价值上涨这一因素。如果在本国生产的要素支出成本低于产业转移前要素支出成本和关税之和，那么加征关税将导致 GVCs 的组装加工环节从中国转移到美国。否则，上述分工环节将不会转移到美国。

$$VAXD_{i2} + tariff \times E_{i2} \geq VAXD'_{i2}, \quad i = 1, 3, D, P, N, S \quad (4\text{-}24)$$

本章下一部分展示了实证分析的结果，一方面展示考虑加工贸易前后双边贸易国内增加值的差异，另一方面测算了转移 GVCs 组装加工环节所需的要素支出成本。

## 第三节　转移中国加工贸易企业所需关税

在展示数据来源后，本节通过实证分析分别汇报加工贸易、一般贸易、国内使用和服务产品的国内增加值。

### 一　数据来源

双边贸易数据中的行业间交易和国内增加值数据来自 OECD 发布的 2011 年国际投入产出表（ICIO）（OECD，2018）。与其他国际投入产出表仅提供国家、产业间的增加值和贸易数据不同，ICIO 提供了各部门区分一般贸易、加工贸易、本国效果和服务业的中国进出口和增加值数据。尽管 OECD 的 TiVA 数据库也提供了双边贸易中的增加值数据，但我们仍然使用投入产出表测算这些增加值数据，以保证测算结果的准确性。OECD 的 TiVA 数据库汇报了一项关于双边贸易增加值的指标：进口产品中的增加值来源（$VBE_{12}$）。如式（4-11）所示，$E_{12}$ 包括国家 2 从国家 1 的中间产品进口（$A_{12}X_2$）和最终产品进口（$Y_{12}$）。测算 $VBE_{12}$ 时，进口中间产品和最终产品被视为同一种产品。相反，假设提取法不仅专门通过 $B$ 和 $B'$ 展现了中间产品进口为货物源头国家贡献的增加值，而且将最终产品进口贡献的增加值通过 $Y_1$ 和 $Y_1 - Y_{12}$ 反映。因此，我们采用假设提取法和 OECD 投入产出表计算双边贸易中的增加值。为了测算新的要素支出成本，我们使用 WIOD 的社会卫星账户数据来描述劳动报酬、资本报酬、就业和名义资本存量等指标（Timmer et al.，2016）。本节对中国征收关税的信息和数据来自美国国际贸易委员会（USITC）网站。本书汇报的所有结果如无特殊说明均为 2011 年，货币单位是百万美元。

### 二　中美双边贸易的国内增加值核算结果

表 4-1 显示了 2011 年中国对美国出口国内增加值总额的两项结果。根据式（4-4）、式（4-5）和假设提取法，当不区分加工贸易和一般贸易国内增加值率的情况下，测算到一项结果为 3036.46 亿美元。作为比较，考虑加工贸易后的国内增加值结果为 2697.81 亿美元，也汇报在表 4-1 中。如式（4-18）和式（4-19）所示，后一个数字较小，这与我们方法介绍部分预期一致（$c_1 = VAXD_{12} - \sum VAXD_{i2}$）。当加工贸易、一般贸易、国内使用和服务产品中使用相同的增加值系数时，Chen 等（2018）也专门测算、核实了可能的中国双边贸易增加值核算偏误。这一偏误将导致中国从美国获得增加值的核算结果高估 12.4%，这与我们 12.6% 的结构非常接近。这一偏误主要来自中国国内使用结构（$x_i$）与对美国出口产品结构（$x_i^E$）之间的差异。与中国的总产出中包含更多的服务产品（38.24%）和较少的加工贸易产品（3.57%）相比，$x_{i2}^E$ 中加工贸易占比高达 20.38%，但服务业占比仅为 24.15%。这一产品结构差异也与式（4-20）所示的 $RPA_{P2}$ 指数结果保持一致。直接和间接与中国对美国加工贸易出口有关的总产出（$x_{P2}^E$）占中国加工贸易总量的 22.91%。但是，中国对美国出口中的另外三部分（一般贸易、

本国消费和服务产品）仅占中国非加工贸易产品的 3.32%。最终，当增加值份额按照四部分进行分解后，可以发现 $RPA_{P2}>1$ 并且中国对美国总出口中的国内增加值结果减小。

表4-1　2011 年从中国向美国出口产品中的国内增加值及占比

单位：百万美元

| | 汇总<br>(1)=(2)+(3)+(4)+(5) | | 加工贸易<br>(2) | 一般贸易<br>(3) | 国内使用<br>(4) | 服务产品<br>(5) |
|---|---|---|---|---|---|---|
| 出口国内<br>增加值 | 303646 | 269781 | 28657<br>（10.62%） | 54488<br>（20.20%） | 71475<br>（26.49%） | 115159<br>（42.69%） |
| 对美国出口额 | 412390 | | 178933<br>（43.39%） | 148372.80<br>（35.98%） | 0 | 85084<br>（20.63%） |
| 国内增加值率 | 65.42% | | 16.02% | 36.72% | NA | 135.35% |
| $x_{i2}^{E}$ | 911800<br>（100%） | | 185781<br>（20.38%） | 212642<br>（23.32%） | 293139<br>（32.15%） | 220237<br>（24.15%） |
| $x_i$ | 22701880<br>（100%） | | 810863<br>（3.57%） | 2791459<br>（12.30%） | 10417679<br>（45.89%） | 8681878<br>（38.24%） |
| $x_{i2}^{E}/x_i$ | $RPA_{P2}=6.91$ | | 22.91% | 3.32% | | |

注：$x_{i2}^{E}$ 代表中国对美国直接或间接出口有关的总产出；$x_i$ 代表中国的总产出。括号中数字表示占比。

资料来源：根据 OECD 2018 年发布的世界投入产出表得到。

表4-1 还分别报告了加工贸易、一般贸易、国内使用和服务产品的出口国内增加值详细信息，测算结果由式（4-12）得到。中国对美国出口加工贸易产品中的国内增加值占出口国内增加值总量的10.62%，但是加工贸易额占中国对美国出口额的43.39%。这一差距证实了我们的假设，即加工贸易出口的产品国内增加值偏低。如表4-1 中的数据所示，加工贸易中国内增加值率为16.02%。中国加工贸易出口中其余 83.98% 的增加值由从海外进口的中间产品构成。但是，服务业中国内产品增加值率达到135.35%。主要原因是服务业不仅包括服务产品出口的增加值，而且还包含出口美国制造业最终产品中使用的中间服务投入增加值。同理，一般贸易出口增

加值率仅为 20.20%，低于中国出口国内增加值率 60%—70% 的区间，原因是一般贸易使用了大量 NVCs 提供的中间产品。这部分产品的增加值被划分在国内使用和服务产品中，导致一般贸易出口国内增加值率偏低。

在计算了直接出口产品中加工贸易、一般贸易、国内使用和服务产品的国内增加值份额后，我们估算了每种类型企业转移至美国的成本。例如，出口国内增加值率最低的是加工贸易企业（16.02%），这意味着如果采用平均工资和资本回报率，加工贸易每单位产品使用的国内劳动力和资本数量是最少的。我们还要考虑到加工贸易企业属于低附加值劳动密集型，这意味着在相同关税水平下加工贸易企业成本上升幅度更大，这类企业也更容易转移至其他要素价格低廉的国家（Fernández，2015；Humphrey and Schmitz，2002）。

三　将加工贸易制造业企业从中国转移到美国所需的关税水平测算

我们以四部分直接出口国内增加值为基础数据，利用式（4-21）、式（4-22）和 GVCs 收入核算方法来测算直接贸易中包括的劳动力和资本数量。接着，我们用式（4-23）汇报在美国投入相同的劳动力和资本数量所需的要素支出。结合中国向美国出口的额度信息，可以测算将企业从中国转移至美国所需的关税，进而通过式（4-24）评估在当前 25% 的关税下将加工贸易企业从中国转移至美国在经济上是否可行。

所需劳动力和资本数量是基于 WIOD 社会经济账户提供的工资和资本回报率数据计算得到的。当使用相同数量的生产要素时，结合美国的工资和资本回报率，各类出口企业的要素支出成本急剧增加。为了抵消中国（286.57 亿美元）和美国（2162.22 亿美元）要素支出成本之间的巨大差异，需要将关税提高至 104.82%。但是，在计算美国的要素支出成本时，我们使用美国制造业的平均工资作为劳动力价格。通常，中国的加工贸易企业雇用的主要是低技术劳动力，占比为 54.99%。美国制造业企业雇用的主要是高技术工人（32.42%）和中等技术工人（59.26%）。如表 4-3 所示，中国工人的平均工资介于低技术工人工资和中等技术工人工资之间，而美国工人的平均工资高于中等技术工人工资。因此，使用美国平均工资作为低技术岗位的工资可能会夸大产业转移至美国所需的要素支出成本。这一结论与 Timmer 等（2013）的观点一致，他们认为，随着全球化和专业化程度的提高，成熟经济体会将其中低技术劳动力转移至工资较低的国家，同时将战略性和高技术岗位保留在国内。因此，我们评估将中国加工贸易企业转移至美国所需的要素支出成本和关税水平需要了解这一领域工人的特征和技术水平。当我们考虑从中国转移而来的工作岗位技术水平后，表 4-2 的第（2）列和第（3）列展示了美国承接这部分分工任务所需的要素支出成本。表 4-2 的第（2）列汇报的是与中国加工贸易企业使用相同技能水平劳动力所需的要素支出成本。对比表 4-2 第（1）列和第（2）列的关税水平（104.82% 和 73.70%）可以发现，如果雇用更多的低技术劳动力和更少的高技术劳动力，转移加工贸易企业所需的关税将大幅度下降。为了检验我们结果的稳健性，我们还测算了美国雇用低技术劳动力从事转移而来的工作岗位时所需的要素支出成本和关税水平。这一关税水平是 48.15%。这一数字也代表了将加工贸易出口企业从中国转移至美国所需的基准关税水平。

表 4-2　　　　将中国的加工贸易企业转移至美国所需关税

单位：百万美元

| | （1）保持美国原有就业结构 | （2）与中国就业结构保持一致 | （3）美国仅使用低技术劳动力 |
|---|---|---|---|
| 中国要素支出成本 | 28657 | 28657 | 28657 |
| 美国要素支出成本 | 216222 | 160525 | 114814 |
| 要素支出成本差值 | 187564 | 131867 | 86157 |
| 所需关税水平 | 104.82% | 73.70% | 48.15% |

资料来源：根据 OECD 2018 年发布的世界投入产出表和 2016 版本 WIOD 数据库计算得到。

表 4-3 中美就业结构和工资水平比较

| | | 汇总 | 低技术劳动力 | 中等技术劳动力 | 高技术劳动力 |
|---|---|---|---|---|---|
| 中国 | 就业岗位（千人） | 840443 | 462165（54.99%） | 304365（36.21%） | 73911（8.79%） |
| | 平均工资（千美元） | 4.64 | 3.76 | 5.27 | 7.53 |
| 美国 | 就业岗位（千人） | 147898 | 12302（8.32%） | 87651（59.26%） | 47944（32.42%） |
| | 平均工资（千美元） | 59.10 | 29.73 | 47.96 | 86.99 |

注：括号中数字表示占比。
资料来源：依据 2016 版本 WIOD 数据库测算得到。

分行业的要素支出成本和关税水平如表 4-4 所示。表 4-4 详细说明了在各种要素支出成本下各制造业细分产业能否转移至美国[①]。我们的模拟以 25% 的关税水平为标准，通过与分工任务转移所需关税进行比较来判断将该产业的加工贸易企业转移至美国是否可行。当美国雇用与中国技术水平相同的劳动力时，首先转移到美国的两个行业是：焦炭和精炼石油产品的制造；金属制品的制造。将这两个产业的加工贸易企业从中国转移至美国所需的税率略低于 25% 的标准，分别为 20.42% 和 18.49%。第二类加工贸易企业需要将关税水平提高至 37%—45% 的区间才能实现转移，包括：食品、饮料和烟草制造业；化学品和化学产品制造业；其他运输设备制造业。

表 4-4 产业层面的要素支出成本和关税水平

| 产业描述 | 中国（百万美元） | 美国(1)（百万美元） | 关税(1)（%） | 美国(2)（百万美元） | 关税(2)（%） | 就业岗位（千人） |
|---|---|---|---|---|---|---|
| 金属制品的制造，机械和设备除外 | 968 | 1794 | 18.49 | 1065 | 11.83 | 103 |

① 第三列和第四列分别汇报了当雇主雇用与中国加工贸易企业相同技术水平工人时所需的要素支出成本以及完成分工任务转移需要设置的关税水平。第五列和第六列分别报告了雇主仅雇用低技术劳动力时的要素支出成本和完成分工任务转移所需的关税水平。

续表

| 产业描述 | 中国<br>（百万美元） | 美国(1)<br>（百万美元） | 关税(1)<br>（%） | 美国(2)<br>（百万美元） | 关税(2)<br>（%） | 就业岗位<br>（千人） |
|---|---|---|---|---|---|---|
| 焦炭和精炼石油产品的制造业 | 40 | 148 | 20.42 | 133 | 17.55 | 0.41 |
| 其他运输设备制造业 | 133 | 238 | 37.66 | 192 | 21.21 | 3 |
| 食品、饮料和烟草制品制造业 | 267 | 895 | 36.22 | 777 | 29.39 | 13 |
| 化学品和化学产品制造业 | 669 | 3005 | 44.35 | 2394 | 32.75 | 29 |
| 其他非金属矿产品制造业 | 193 | 619 | 56.69 | 534 | 45.41 | 12 |
| 机动车辆、挂车和半挂车制造业 | 1332.09 | 4467 | 60.70 | 3248 | 37.10 | 46 |
| 计算机、电子和光学产品制造业 | 15362 | 87514 | 68.67 | 57430 | 40.04 | 983 |
| 电气设备制造业 | 2533 | 15661 | 75.28 | 10228 | 44.12 | 246 |
| 机械和设备制造业（未另分类） | 1665 | 8283 | 81.16 | 6249 | 56.22 | 118 |
| 纸和纸制品制造业 | 330 | 2085 | 82.74 | 1718.94 | 65.46 | 34.86 |
| 纺织品、服装和皮革制品制造业 | 2421 | 16141 | 86.49 | 13918.49 | 72.48 | 454.4 |
| 木材以及木材和软木制品的制造，家具除外；稻草制品和编织材料制造业 | 660.52 | 3495.3 | 103.77 | 2945.88 | 83.66 | 93.83 |
| 基本金属制造业 | 68.79 | 529.96 | 111.83 | 453.13 | 83.34 | 1.82 |
| 家具制造；其他制造业 | 454.75 | 3678.46 | 112.04 | 3113.92 | 92.42 | 66.69 |
| 橡胶和塑料制品制造业 | 1185.98 | 8804 | 130.33 | 7437.76 | 106.96 | 166.53 |

注："中国"是指在中国制造这些产品的要素支出成本；"美国（1）"是指美国企业雇用与中国相同技术水平劳动力时的要素支出成本，"关税（1）"是指此时完成分工任务转移所需的关税水平；"美国（2）"是假设美国企业以低技术劳动力的工资水平支付上述工作岗位时所需的要素支出成本，"关税（2）"是指此时完成分工任务转移所需的关税水平。

资料来源：根据 OECD 2018 年发布的世界投入产出表和 2016 版本 WIOD 数据库计算得到。

如果将关税水平提升至 68.67%，中国最大的加工贸易部门——计算机、电子和光学产品制造业将转移至美国。这一部门中包含了超过 98 万个加工贸易工作岗位，转移这些工作岗位至美国也意味着要素支出成本将是在中国生产的 5.69 倍。最后，需要更高的关税（86.49%）来推动纺织、服装和皮革制造业的转移，由于该行业属于劳动密集型行业，在美国生产几乎没有机会盈利。此外，美国当前在这一产业中仅雇用了 25 万劳动力，这一数字仅仅是可能从中国转移来的纺织、服装和皮革制造业工作岗位的一半。因此，无法提供足够规模的劳动力可能是完成纺织、服装和皮革制造业转移的另一个障碍。

第五列和第六列分别报告了美国企业向工人支付最低工资时完成加工贸易企业转移的要素支出成本和所需关税。由于最低工资对应于低技术劳动力和 GVCs 中组装加工等低附加值环节，海外中间产品占最终产品的比重较大。中国加工贸易企业正是进口全部或大部分中间产品，然后对外出口。因此，美国加征的全部或大部分关税将针对来自中国的企业，而不是这些企业的外国上游供应商。当中国的低附加值产品面临美国的高关税时，更有可能将这些加工贸易企业从中国转移到其他劳动力廉价的国家。表 4-4 第五列和第六列的结果显示，仅有 3 个行业在 25% 的关税下会将企业转移至美国，即使将关税水平提升至 45% 的水平，也仅有 9 个行业在要素支出成本方面存在转移的可能性。

但是，将中国的加工贸易企业转移至墨西哥等劳动力廉价国家所需的关税税率将大幅降低。表 4-5 的结果显示，将加工贸易企业转移至墨西哥所需的平均关税税率为 20.32%。在 25% 的关税水平下，16 个制造业细分行业中将有 11 个将加工贸易工厂转移至墨西哥。这也意味着在 25% 的关税水平下，中美双边贸易中 67.60% 的加工贸易工作岗位将会流向墨西哥。这是因为，从 2006 年开始中国制造业低技术劳动力的工资已经超过了越南、泰国和墨西哥等大多数新兴国家（蔡昉，2012）。美国征收高额进口关税后，中国与这些新兴国家在生产制造方面的成本差距进一步扩大，削弱了中国在 GVCs 低端环节的竞争力（王磊和魏龙，2017）。因此，跨国公司将通过产业转移重新配置 GVCs 劳动密集型环节的生产国家。更重要的是，2019 年美国、加拿大和墨西哥签订了《加美墨贸易协定》（USMCA）。该协定不仅为墨西哥提供了关税税率方面的竞争优势，而且通过要求协议内国家与所谓"非市场经济国家"进行贸易谈判时通知其他两个签署国，从而达到孤立"非市场经济国家"的目的[1]。

表 4-5 将加工贸易企业转移至墨西哥所需的关税水平

| 产业描述 | 中国（百万美元） | 墨西哥（百万美元） | 关税（%） |
|---|---|---|---|
| 木材以及木材和软木制品的制造，家具除外；稻草制品和编织材料制造业 | 661 | 658 | -0.09 |
| 基本金属制造业 | 68.79 | 71 | 0.45 |
| 纸和纸制品制造业 | 330 | 399 | 3.25 |
| 其他非金属矿产品制造业 | 193 | 223 | 4.05 |
| 金属制品制造业 | 968 | 1461 | 11.04 |
| 家具制造；其他制造业 | 455 | 783 | 11.42 |
| 电气设备制造业 | 2533 | 4551 | 11.57 |
| 计算机、电子和光学产品制造业 | 15362 | 29558 | 13.51 |
| 食品、饮料和烟草制品制造业 | 267 | 635 | 21.18 |
| 机动车辆、挂车和半挂车制造业 | 1332 | 2488 | 22.37 |
| 纸和纸制品制造业 | 247 | 346 | 24.40 |
| 机械和设备制造业（未另分类） | 1665 | 3805 | 26.24 |
| 纺织品、服装和皮革制品制造业 | 2421 | 6915 | 28.33 |
| 化学品和化学产品制造业 | 669 | 4460 | 71.97 |
| 橡胶和塑料制品制造业 | 1186 | 7647 | 110.53 |
| 焦炭和精炼石油产品制造业 | 40 | 740 | 131.64 |
| 全部制造业 | 28397 | 64740 | 20.32 |

资料来源：根据 OECD 2018 年发布的世界投入产出表和 2016 版本 WIOD 数据库计算得到。

---

[1] 美国在 2017 年拒绝承认中国市场经济地位。

# 第四节 保留中国制造业企业的策略探索

## 一 降低服务贸易成本

在分析中美出口的产业结构时，我们发现，制造业占对美出口总额的 96%，而美国对华出口国内增加值中有 45.33% 来自服务业。Zeng（2002）认为，这一现象反映了中美贸易结构的互补性。因此，确定美国富有竞争力的部门，并且降低中美贸易中这些部门的贸易成本将有助于缩减中美贸易逆差，进而以此为条件将制造业加工企业保留在中国。

如图 4-3 所示，增加值调整过后的显示性比较优势指数（RVCA）表明，除其他运输设备制造业，焦炭和精炼石油产品的制造业，金属制品的制造（机械和设备除外），中国大多数制造业与美国同行相比更具比较优势。同时，这三个行业的加工贸易企业在 25% 的关税水平下将转移到中国。RVCA 指数与关税测算结果之间的一致关系也存在于计算机、电子和光学产品制造业，机动车辆、挂车和半挂车制造业中。由于中国在这些行业相较于美国更具有比较优势，需要加征更高的关税才能将这些行业转移至美国。图 4-4 描绘了中美服务业的 RVCA 指数，美国服务业较中国而言更具国际竞争力。这也是中国服务业几乎不向美国出口的原因。尽管美国服务业 RVCA 指数较高，但是对中国出口额偏低。其中保险、再保险和养老基金行业出口 1959 万美元，金融服务辅助活动出口 427 万美元，广告和市场研究仅出口 32 万美元。这可能与中国未完全开放服务业有一定关系（Harwit，2001）。因此，各行业贸易成本的差异可能是导致中美贸易失衡的原因之一。我们使用 Head 和 Reis（2001）的方法测算了国家—产业层面的贸易成本，表 4-6 具体汇报了测算结果。我们发现，中国在贸易成本最低的五个行业表现出较高的竞争力，而美国在这些行业的竞争力甚至低于全球平均水平。因此，

2014 年中国对美国出口的计算机、电子和光学产品为 1416.76 亿美元，电气设备为 446.41 亿美元，纺织品、服装和皮革产品为 565.89 亿美元。这些部门也是中美贸易逆差和出口国内增加值的主要来源。

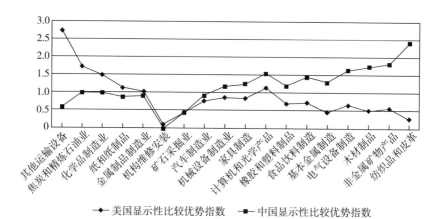

**图 4-3    经过增加值调整后的中美制造业细分行业显示性比较优势指数**

资料来源：根据 OECD 2018 年发布的世界投入产出表和 2016 版本 WIOD 数据库计算得到。

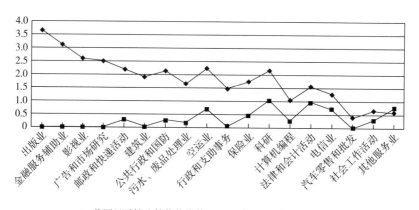

**图 4-4    经过增加值调整后的中美服务业细分行业显示性比较优势指数**

资料来源：根据 OECD 2018 年发布的世界投入产出表和 2016 版本 WIOD 数据库计算得到。

表 4-6　　　　　中美双边贸易中贸易成本最低和最高的行业

| 产业描述 | 贸易成本 | 美国 RVCA | 中国 RVCA |
| --- | --- | --- | --- |
| 家具制造；其他制造业 | 1.78 | 0.84 | 1.22 |
| 计算机、电子和光学产品制造业 | 1.79 | 1.10 | 1.51 |
| 机械和设备制造业（未另分类） | 1.89 | 0.86 | 1.18 |
| 电气设备制造业 | 2.11 | 0.66 | 1.65 |
| 纺织品、服装和皮革制品制造业 | 2.11 | 0.27 | 2.41 |
| 制造业平均数 | 2.54 | 0.97 | 1.29 |
| 金融服务活动，保险和养老基金除外 | 9.47 | 1.25 | 0.96 |
| 保险、再保险和养老基金，强制性社会保障除外 | 8.30 | 1.77 | 0.41 |
| 电信 | 6.32 | 1.28 | 0.75 |
| 计算机编程、咨询和相关活动；信息服务活动 | 5.12 | 1.26 | 0.23 |
| 广告和市场调查 | 4.25 | 2.52 | 0 |
| 服务业平均数 | 3.76 | 1.27 | 0.53 |

资料来源：根据 OECD 2018 年发布的世界投入产出表和 2016 版本 WIOD 数据库计算得到。

当我们分析贸易成本最高的行业时，我们发现，它们均属于服务业，并且集中在金融、保险和咨询行业。如前文所述，与中国相比，美国在大多数服务行业都更具有国际竞争力。然而，美国这些行业的出口额仍然偏低。如果通过进一步缩减负面清单，向美国企业开放更多的服务业市场，那么美国服务业出口可以部分弥补制造业的贸易逆差。近年来，中国也启动了一系列向海外企业开放部分甚至全部保险业务的改革措施。我们相信，这一行动将有助于缓解中美贸易不平衡。

## 二　借助"一带一路"倡议发展制造业

2013 年中国正式提出"一带一路"倡议，以加强与邻国的经济联系并试图掌握价值链中的高附加环节，促进制造业转型升级。"一带一路"倡议包括多个经济体，其中大部分是新兴经济体。"一带一路"倡议包含大量的投资和基础设施建设，为中国制造业的发

展提供了可能，也提高了"一带一路"沿线国家成为中国制造业潜
在市场的可能性。

我们在图 4-5 中汇报了新兴经济体和 G7 集团对中国出口增加
值的贡献。2000 年中国尚未加入 WTO，G7 集团是中国制造业的主
要市场，贡献中国的出口增加值占总量一半以上。在 G7 集团中，
美国发挥了关键作用，中国 25% 的出口增加值来自美国。与之相
反，新兴经济体中"一带一路"沿线国家仅提供了中国约 3% 的出
口增加值。至 2008 年，新兴经济体和 G7 集团对中国出口增加值的
比例几乎相同。上述结果与 Kaplinsky 和 Farooki（2011）、Baldwin
（2011）、Baldwin 和 Lopez-Gonzalez（2015）研究结论一致，即新兴
经济体的贡献能够赶上 G7 集团反映了全球主要消费市场正从北方
国家向南方国家转移。事实上，到 2014 年，新兴经济体对中国出口
增加值的贡献已经接近 50%，而 G7 集团的贡献率下降到 35%。
2000—2014 年，"一带一路"沿线国家的贡献率保持上升趋势，而
美国的贡献率保持下降趋势。因此，如果这种趋势持续，则"一带
一路"沿线国家很可能会取代美国成为中国制造业的主要市场。

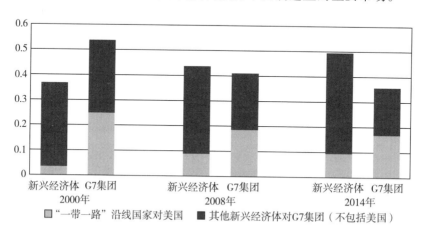

图 4-5 新兴经济体和 G7 集团在 2000 年、2008 年和
2014 年对中国出口增加值的贡献

资料来源：根据 OECD 2018 年发布的世界投入产出表和 2016 版本 WIOD 数据库计算
得到。

# 第五节　本章小结

本章讨论了中美贸易摩擦中加征关税是否会将位于中国的加工贸易制造业工厂转移至美国。通过使用 Los 等（2016）提出的假设提取法和 Timmer 等（2013，2015）介绍的 GVCs 收入核算方法，我们比较了分别在中国和美国完成相同的分工任务所需的要素支出成本。加工贸易企业与其他类型企业相比对关税更为敏感，这项工作需要将加工贸易和一般贸易、本国使用和服务业进行区分，以避免忽略加工出口与其他生产方式之间国内增加值率的差异。我们的测算结果表明，将中国的加工贸易企业转移至美国需要将关税水平提升至 48.15%。

当前 25% 的关税水平仅足以支持以下三个行业转移至美国，分别是：金属制品制造业（机械和设备除外）、焦炭和精炼石油产品制造业以及其他运输设备制造业。其他行业可能会受到当前关税税率的影响，但无法实现制造业企业向美国转移。即使加征关税后，中国在这些行业相对于美国仍更具备竞争优势。此外，加工贸易企业转移所产生的是低技术和低收入工作岗位，美国难以保证这部分劳动力的供应充足。因此，加征 25% 的关税甚至更高的关税能否将中国制造业加工贸易企业转移至美国仍然值得怀疑。然后，当我们选择墨西哥作为中国加工贸易企业的转移目的地时，产业转移效应显著增加。中国加工贸易企业迁往墨西哥所需的平均关税为 20.32%。在 25% 的关税水平下，16 个行业中有 11 个行业会将加工贸易企业转移至墨西哥以寻求更低的要素支出成本。因此，当中国制造业产品面临更高的关税时，跨国公司将加工贸易企业从中国转移到其他劳动力廉价的经济体更加可行。

与此同时，我国可以通过减免服务业贸易成本来缓解当前紧张的局势。我们的实证结果表明，美国在保险、金融和计算机编程方面拥有比较优势。因此，通过降低中美双边贸易中服务业贸易成本，中国和美国都将从这些部门规模的扩大中获得更多增加值，美国也可以通过这一行动减少对华贸易逆差。此外，我国可以考虑将"一带一路"沿线国家作为弥补美国市场准入难度提高后的潜在市场。随着"一带一路"沿线国家在中国出口增加值中贡献的不断增加，未来这一市场可能超越美国市场的作用。

本章的一个局限是产业转移所需关税税率的测算是基于部分均衡，侧重于美国和中国之间的直接双边贸易。这一估计方法没有考虑经由"第三国"的间接贸易和转口贸易。当关税上升时，这些贸易方式可能成为连接中美贸易的桥梁。这是因为假设提取法无法捕捉美国对中国商品加征高关税后间接贸易"第三国"的贸易量和增加值变化。未来，我们将借鉴普渡大学提出的全球贸易分析项目（GTAP）来讨论间接贸易如何影响制造业转移所需关税。通过GTAP分析，崔连标等（2018）认为，中美贸易摩擦将带来显著的贸易转移效应。中美之间的直接贸易将大幅减少42.5%，而通过"第三国"的间接贸易显著增长，其中中国与东盟直接贸易增长6.63%，与韩国增长5.92%，与日本增长5.81%。根据一般均衡分析，我们可以得到"第三国"贸易量的变化，重新计算将中国加工贸易工厂转移所需的关税。

# 第五章　中国制造业嵌入全球价值链与转型升级的关系

第三章和第四章分析表明，外部环境变化后，中国制造业在GVCs低附加值环节存在"挤出风险"，在高附加值环节有"卡脖子""掉链子"的风险。为了避免中国制造业与GVCs脱钩，寻找GVCs路径有利于中国制造业价值链升级的因素，本章综合考虑"价值属性"和"物理位置"两方面的信息，建立价值分配模型。首先，结合产业特征和价值分配模型，试图分析GVCs的主导环节和中国制造业当前分工环节，阐明当前环节和主导环节连线后升级和跟随的方向；其次，揭示在GVCs的非传统位置也会产生高附加值环节、核心环节，这是新兴经济体摆脱GVCs链主"俘获""锁定"的有利因素；最后，根据14个制造业细分产业的主导环节，提出了不同于"二元驱动"的GVCs混合主导型产业，明确了三类制造业产业GVCs转型升级的方向和影响因素。

## 第一节　嵌入位置对 GVCs 升级的意义

"低端锁定"与"挤出"风险的同时出现开始倒逼中国进行产业转型升级，迈向中高端发展和保持中高速增长也成为"十三五"时期中国经济发展的主要任务和目标。当前，中国制造业的竞争优势已经由完全依靠成本优势转为技术与成本并重，竞争优势的变化导致中国制造业对原有分工环节的控制力下降，亟待通过转型升级在新的分工环节建立优势。中国制造业向 GVCs 的哪一环节转型，占据何种分工位置才能迎来分工地位和分工利益的提升？中国沿着 GVCs 链条攀升的过程中应该遵循怎样的规律？基于 GVCs 分工的产业转型升级"向何处去""服从何种规律"对于中国产业实现中高端发展、顺利转型升级具有重要意义，也能清晰地呈现 GVCs 升级路径。

现有文献已经指出产业特征与价值分布模型是讨论 GVCs 升级路径时需要引起重视的问题，为消除升级方向的分歧、掌握攀升 GVCs 链条时应遵循的内在规律、促进中国制造业升级提供了启发。但应该引起重视的是，Gereffi 和 Korzeniewicz（1994）提出的两种 GVCs 驱动类型中，"二元驱动"模型仅仅停留在理论和逻辑推导层面，尚未经过实证检验。"微笑曲线"和"二元驱动"模型作为广泛应用的价值分配模型，细化到产业层面后形态是否发生变化是本章论证的主要问题。

# 第二节　GVCs 核心环节的识别方法探索

## 一　理论基础

为了明确我国制造业的 GVCs 升级方向，需要确定不同产业 GVCs 中的主导环节和边缘环节，厘清嵌入位置、GVCs 分工地位与产业升级之间的关系。各经济体依靠人口红利、资源禀赋、技术含量和充裕资本等比较优势参与 GVCs 分工，嵌入价值链的不同环节，将所有经济体的嵌入位置连接起来，形成产品生产序列。投入要素的稀缺程度不同，使各嵌入位置的附加值大小和关键程度存在差异，所以嵌入位置与 GVCs 分工地位相结合可以确定价值链的主导环节。施振荣和林文玲（2005）的"微笑曲线"、Gereffi 和 Korzeniewicz（1994）的"二元驱动"是描述分工位置与增值能力关系的经典模型，而更高效的生产和生产附加值更高的产品是 GVCs 升级的应有之义，是一国 GVCs 分工地位提升的集中体现（Humphrey and Schmitz，2002），所以上述理论也被用于指导 GVCs 嵌入位置与产业升级的关联分析。"微笑曲线"凸显了嵌入价值链两端的研发设计和销售流通环节对于提升分工地位的作用。"二元驱动"模型指出，价值链上游的研发设计环节对应于生产者驱动 GVCs 的高附加值环节，价值链末端的销售流通环节是购买者驱动 GVCs 的主导环节，明确了两类 GVCs 的主导环节。两种模型共同强调了价值链上游或下游环节具有更高的分工地位，本章据此认为存在上游环节主导产业和下游环节主导产业。但生产工艺的发展和技术的更迭使电子与光学设备制造业的"价值洼地"——组装加工环节，出现了封测等高附加值环节，已有模型的解释力度受到挑战。张辉（2006）也指出，在 GVCs 的片段化过程中出现了许多"枢纽环节"，这些环节不但利润不菲，而且链条的治理者对其控制能力也很有限。这样，在同一条 GVCs 中出现了多个环节共同主导的新模型，本章将所属产业定义为混合主导产业，并提出 GVCs 混合主导模型。

要论证嵌入位置与产业升级的关系，明确各产业的主导环节，需要确定嵌入位置、产业升级、增值方式等概念的指标。这些指标均是建立在增加值核算体系下，本章采用 KPWW 方法（Koopman et al.，2008，2010，2012）对总出口进行 9 部分增加值分解，基于分解结果构建上述概念的指标，为关联分析打下基础。按照这一思路，下文确定了研究方法、指标及数据来源。

**二　KPWW 方法对垂直专业化水平的解构**

传统的统计口径以最终产品出口和中间产品出口的产值作为贸易利得的判断标准。但是随着全球化进程的深入，各价值产生环节呈现出垂直分离的态势，最终产品出口的产值难以被一个经济体完全吸收，继续使用原有的统计方法，将夸大最终产品出口这一增值方式的分工收益份额（魏龙和王磊，2016）。为了真实地反映各经济体的增值方式，本章借鉴 Wang 等（2013）的处理方法，对垂直专业化水平（Vertical Specialization，VS）进行解构，测算最终产品出口的国外增加值和中间产品出口的国外增加值，以增加值核算体系判断各经济体的增值方式。VS 体现了总出口中的国外增加值比例，某经济体的 VS 比例越高，越专注于 GVCs 的特定环节，嵌入GVCs、参与国际分工的程度就越深。这一概念的测算方法最早由Hummels、Ishii、Yi（2001）提出，经过 Wang 等（2009）改进，利用三国模型呈现了 VS 的求解方法，如式（5-1）所示：KPWW 方法将增加值比例分配矩阵 $VB$ 与总出口矩阵 $E$ 相乘，得到总出口产生的增加值在国内与国外的分配情况。其中，$V$ 为增加值系数向量，其元素代表每出口 1 单位产品给出口国带来的直接增加值；$B = (I-A)^{-1}$ 为里昂惕夫逆矩阵。$V_r B_{rr} E_r$、$V_s B_{sr} E_r$、$V_t B_{tr} E_r$ 为 $E_r$ 在 $r$ 国、$s$ 国和 $t$ 国的增加值分配情况，$E_s$、$E_t$ 具有相同的性质。

$$VBE = \begin{bmatrix} V_r B_{rr} \hat{E}_r & V_r B_{rs} \hat{E}_s & V_r B_{rt} \hat{E}_t \\ V_s B_{sr} \hat{E}_r & V_s B_{ss} \hat{E}_s & V_s B_{st} \hat{E}_t \\ V_t B_{tr} \hat{E}_r & V_t B_{ts} \hat{E}_s & V_t B_{tt} \hat{E}_t \end{bmatrix} \tag{5-1}$$

分块矩阵 $VBE$ 对角线上的各矩阵表示产品出口为出口国带来的增加值，非对角线上的各矩阵则表示其他国家从该产品中获得的增加值。以 $s$ 国为例，总出口的本国增加值 $DV_s$ 与国外增加值 $VS_s$ 如式（5-2）所示：

$$E_s = DV_s + VS_s$$

$$DV_s = V_s B_{ss} \hat{E}_s, \quad VS_s = V_r B_{rs} \hat{E}_s + V_t B_{ts} \hat{E}_s \tag{5-2}$$

Koopman 等（2012）基于 Johnson 和 Noguera（2012）测算增加值出口（Value Added Export，VAX）的思路，采用 KPWW 方法按照总出口的价值来源（矩阵行下标表示）和最终吸收地（矩阵列下标表示）将 $DV_s$ 与 $VS_s$ 分解为 9 部分，实现了对 $VS_s$ 的解构。本章的研究重点为解构 $VS_s$，识别各经济体的增值方式，所以 $DV_s$ 的构成这里不做介绍。$VS_s$ 由 3 部分组成，如式（5-3）所示。$\sum_{t \neq s}^{G} \sum_{r \neq s}^{G} V_t B_{ts} Y_{sr}$ 为 $s$ 国最终产品出口包含的国外增加值（FVA-

FIN）；$\sum_{t \neq s}^{G} \sum_{r \neq s}^{G} V_t B_{ts} Y_{sr} (I - A_{rr})^{-1} Y^{rr}$ 为 $s$ 国中间产品出口的国外增

加值（FAV-INT）；$VS_s$ 还有一部分为重复计算项（FAV-FDC），属

于价值链的中间消耗部分，没有产生增加值，用 $\sum_{t \neq s}^{G} V_t B_{ts} Y_{sr} \sum_{r \neq s}^{G}$

$(I - A_{rr})^{-1} E_s$ 表示。

$$VS_s = \sum_{t \neq s}^{G} \sum_{r \neq s}^{G} V_t B_{ts} Y_{sr} + \sum_{t \neq s}^{G} \sum_{r \neq s}^{G} V_t B_{ts} Y_{sr} (I - A_{rr})^{-1} Y^{rr} +$$

$$\sum_{t \neq s}^{G} V_t B_{ts} Y_{sr} \sum_{r \neq s}^{G} (I - A_{rr})^{-1} E_s \qquad (5-3)$$

### 三　变量选取及模型设定

#### （一）GVCs 分工地位的指标设定

通过发达经济体与发展中经济体嵌入位置的差距，可以大致判
断 GVCs 升级的方向，但是难以反映增值能力和增值方式信息的缺
失使经济体经历 GVCs 升级后分工地位的提升幅度，二者的结合才
能反映嵌入位置与产业升级的关系，精准定位各条价值链的主导环
节所在，所以在讨论产业升级时有必要设定 GVCs 分工地位指标。
技术、组织、市场、商业模式都有可能成为影响 GVCs 分工地位的
因素，学术界采用了不同的方法设定这一指标，但迄今为止尚未达
成共识（戴翔和郑岚，2015）。当一个经济体试图在价值链中占据
有利地位时，需要该经济体在价值链内的分工环节具有控制其他环
节的核心能力，这种能力在生产者驱动的价值链中表现为研发、生
产能力，在采购者驱动的价值链中体现为设计、营销能力（Gereffi，
1999）。虽然表现形式不同，但价值获取能力和对价值链的控制能
力始终是评价各经济体 GVCs 分工地位的重要标准。

Hausmann 等（2007）、刘斌等（2015）将总体出口技术复杂度
（$ES_i$）作为衡量各经济体在 GVCs 分工地位的指标，认为技术含量
的高低直接影响各经济体的分工地位和技术进步后能起到产业升级
的效果，产品技术复杂度最终通过各经济体在 GVCs 高附加值环节
的竞争力体现。如式（5-4）所示，$X_j$、$Y_j$ 分别为 $j$ 经济体的总出口
和人均收入（用人均 GDP 表示），$x_{jk}$ 为 $j$ 经济体 $k$ 产业的出口。

$TSI_k$ 为产业技术复杂度，这一指标的本质是以显性比较优势指数 RCA 为权重的各经济体人均 GDP 均值，集中体现了一个经济体在 GVCs 中的价值获取能力，对其他分工环节的控制能力无从体现。

$$ES_j = \sum_k \frac{x_{jk}}{X_j} TSI_k$$

$$TSI_k = \sum_j \frac{x_{jk}/X_j}{\sum_j(x_{jk}/X_j)} Y_j = \sum_j RCA_{jk} Y_j \tag{5-4}$$

本章在设定 GVCs 分工地位的指标时首先借鉴了 Hausmann 等（2007）的出口技术复杂度，并做了两点改进。第一，以 GVCs 的视角看待产业升级问题，即将总量统计口径转为增量统计口径，出口额也应随之转换为增加值出口（VAX）。Johnson 和 Noguera（2012）将某一经济体生产而最终在其他经济体被消费吸收的增加值定义为 VAX，以 s 国为例，$VAX_s$ 如式（5-5）所示，包括 r 国、t 国最终产品消费为 s 国带来的直接和间接增加值。参考 Koopman 等（2012）、Timmer 等（2015）的方法，利用式（5-6）对 $ES_j$ 与 RCA 指数进行修正，将出口技术复杂度转化为增加值技术复杂度。

$$VAX_s = \begin{pmatrix} 0 & V_s & 0 \end{pmatrix} \begin{bmatrix} B_{rr} & B_{rs} & B_{rt} \\ B_{sr} & B_{ss} & B_{st} \\ B_{tr} & B_{ts} & B_{tt} \end{bmatrix} \begin{bmatrix} Y^{rr}+0+Y^{rt} \\ Y^{sr}+0+Y^{st} \\ Y^{tr}+0+Y^{tt} \end{bmatrix}$$

$$= V_s B_{sr}(Y^{rr}+Y^{rt}) + V_s B_{ss}(Y^{sr}+Y^{st}) + V_s B_{ss}(Y^{tr}+Y^{tt}) \tag{5-5}$$

$$ES_j = \sum_k \frac{VAX_{jk}}{VAX_j} TSI_k$$

$$TSI_k = \frac{VAX_{jk}/VAX_j}{\sum_j VAX_{jk}/\sum_j VAX_j} Y_j = RCA_{jk} Y_j \tag{5-6}$$

第二，GDP 中包含劳动、资本、土地等多种生产要素的报酬，作为生产要素，资本的流动性远远超过劳动，经济增速放缓后外资撤离在所难免，而一国仅有较少的劳动力能赴国外就业，劳动报酬是国民收入中相对稳定的部分。为准确体现 $Y_j$ 人均收入的含义，本章用人均劳动报酬代替人均 GDP。Timmer 等（2013）采用全球投入产出数据库（WIOD）数据，按劳动、资本等生产要素的种类对 GVCs 下各经济体的增加值进行了切片化研究，求得劳动报酬和资本报酬占各经济体 GDP 的比例，本章进一步借鉴 Timmer 等（2013）方法测算劳动报酬后除以劳动力人数，求得人均劳动收入。

为了弥补 $TSI_k$ 无法体现控制能力的缺陷，本章基于 KPWW 方法对 VS 的分解结果，提出了体现控制能力的指标，与 $TSI_k$ 共同作为分工地位的评价指标。按照式（4-3）$VS_s$ 解构的结果进行划分，经济体的增值方式可以分为两种：第一种是大量进口中间零部件，主要从事产品组装、加工等活动的最终产品出口增值方式，这种增值方式的突出特点是最终产品出口中包含大量的国外增加值份额，极度依赖其他经济体的关键技术和销售网络，在国际分工中具有较大的地理弹性，面临激烈竞争，容易被其他地区取代（张辉，2005）；第二种同样是进口中间零部件，但其主要出口产品为关键技术和零部件，用于其他经济体的最终产品生产，是 GVCs 中承上启下的关键节点，难以被其他经济体轻易取代。当经济体采用这一增值方式充分嵌入 GVCs 后，最终产品出口中的国外增加值份额下降，中间产品出口的国外增加值份额将显著提高。从第一种增值方式向第二种增值方式转换，表明一个经济体逐渐摆脱价值链底部，展现出产业转型升级的迹象，本章将第二种增值方式称为中间产品出口增值方式。

FVA-FIN、FAV-INT 和 FAV-FDC 这三部分国外增加值占 VS 总量的份额大小可以代表各经济体参与国际分工时的增值方式。FVA-FIN 占 VS 比例高的经济体，低端增值是其从 GVCs 中获取增加值的主要方式；FAV-INT 占 VS 的比例越高，中高端增值代表这些经济体的增值方式；FAV-FDC 反映了各经济体跨国、跨区域贸易的频率，是嵌入 GVCs 深度的体现。本章以最终产品出口的国外增加值 FVA-FIN 占总出口国外增加值 $VS_s$ 的份额 $GVC\text{-}DOM_{low\text{-}end}$，作为控制能力的评价指标。这一比例越高的经济体对价值链的控制能力越弱，故称之为价值链控制力指数。

$$GVC - DOM_{low-end} = \frac{FVA - FIN}{VS_s} = \sum_{t \neq s}^{G} \sum_{r \neq s}^{G} V_t B_{ts} Y_{sr} / V_r B_{rs} \hat{E}_s +$$

$$V_t B_{ts} \hat{E}_s \tag{5-7}$$

（二）GVCs 嵌入位置的指标设定

发达经济体控制了 GVCs 的高附加值环节，其嵌入位置是新兴经济体产业升级的方向，本章在相关指标设定时采用了 Antràs 等（2012）提出的上游度指数 $U_i$。如式（5-8）所示，$U_i$ 为价值链中各环节距离最终产品的加权平均距离，$F$ 为最终产品总额，$Y$ 为总产出。分子虽然难以计算，但可以用列向量 $|I-A|^{-1}Y$ 中的元素表示。接着测算各经济体在 GVCs 中的整体分工位置，有学者将出口 $X$ 转换为 VAX，提出增加值出口（VAX）上游度指数（苏庆义和高凌云，2015），如式（5-9）所示，出口上游度 $U'$ 是以产业出口占总出口份额为权重的上游度指数加权平均；增加值出口上游度指数将权重修正为产业增加值出口占国家增加值出口的比例，实现了从传统统计口径向增加值核算体系的转换。

$$U_i = 1 \times \frac{F_i}{Y_i} + 2 \times \frac{\sum_{j=1}^{N} d_{ij} F_i}{Y_i} + 3 \times \frac{\sum_{j=1}^{N} \sum_{k=1}^{N} d_{ik} d_{kj} F_i}{Y_i} + 4 \times$$

$$\frac{\sum_{j=1}^{N} \sum_{k=1}^{N} \sum_{l=1}^{N} d_{ik} d_{kj} F_i}{Y_i} + \cdots \tag{5-8}$$

$$U' = \sum_{i=1}^{N} \frac{X_i}{X} U_i \Rightarrow U^* = \sum_{i=1}^{N} \frac{VAX_i}{VAX} U_i \tag{5-9}$$

（三）其他控制变量

为了提高计量模型的稳健性，本章还引入了以下控制变量：人力资源禀赋、资本深化程度、制度质量、国外直接投资规模和汇率。经典的分工理论认为人力资源禀赋对一国分工地位和资源禀赋构成影响，高附加值、高技术含量的分工环节对一国人力资源禀赋要求更高（Costinot，2009）。本章借鉴 Timmer 等（2013）划分人力资源水平的方法，将接受大学以上教育的劳动力定义为高技术劳动力、将仅接受高中教育的劳动力定义为中等技术劳动力、将仅接受初中和小学教育的劳动力定义为低技术劳动力。引入变量 l 作为低技术劳动力占比，用以反映人力资源禀赋对 GVCs 分工地位的影响，低技术劳动力占比越高，技术水平越低，产品复杂度越低，预期符号为负值。同样，资本深化程度从物质资本的角度反映了资源禀赋对产品复杂度的影响，本章以固定资本与劳动力总量之比作为资本深化程度的指标，体现生产方式在 GVCs 分工地位中的作用，用 kl 表示。这一指标越大，生产方式越偏向资本密集型，预期符号为正值。WIOD 社会经济账户提供了各经济体各产业固定资产余额和就业人数，据此计算得到 l 和 kl。其次，戴翔和郑岚（2015）在研究影响中国攀升 GVCs 的因素时指出，制度质量可能成为比较优势更为重要的来源。本章在构建模型时将这一因素引入控制变量，以 law 代表制度质量，反映了经济体内成员对当地法律的信心与守法情况，表现为合同履约和产权保护情况（Kaufmann，2011）。预期制度质量提高有利于 GVCs 分工地位的提升，符号为正值。FDI（Foreign Direct Investment）对最终消费品出口与出口产品国内增加值率（Kee，2015）的提升均构成显著影响，在讨论产品复杂度的影响因素时，本章也将这一因素引入回归模型，将 40 个经济体的国外直接投资存量取对数后以 lnFDI 表示，随着各产业中 FDI 的增加，外企对本国原材料需求的种类和质量的提升起到推动作用，预测符号为正。一国实际有效汇率的上升将恶化国际竞争力，减少净出口贸易（牛华等，2016），因此各国央行利用利率等货币政策间接影响汇率，当出口乏力时，降低汇率，刺激出口；当竞争力上升时，会适当提高汇率，防止经济过热。本章以 exchange 代表各国本币兑美元价格，预计产品复杂度与 exchange 同升同降，预期符号为正。

　　本章对 1995—2009 年全球 40 个主要经济体的 14 个制造业产业分别进行了面板数据回归，构建的模型如式（5-10）所示。被解释变量包括产品复杂度（TSI）与价值链控制力指数（GVC-DOM$_{low-end}$），分别反映经济体的增值能力和控制能力，共同决定分工地位的高低。产业上游度指数（*Upstream*）为基础解释变量，代表经济体在 GVCs 中的嵌入位置；*C* 表示其他控制变量，包括人力资源禀赋变量 *l*，资本深化程度变量 *kl*，制度质量变量 *law*，国际直接投资变量 ln*FDI*，汇率变量 *exchange*。下标 *i* 代表经济体，*t* 代表年份；*ε* 为残差项。

$$TSI_{it} = \alpha + \beta_1 Upstream_{it} + \beta_2 C_{it} + \varepsilon_{it}$$

$$GVC\text{-}DOM_{low\text{-}end_{it}} = \alpha + \beta_1 Upstream_{it} + \beta_2 C_{it} + \varepsilon_{it} \qquad (5\text{-}10)$$

## 第三节　核心环节在价值链中的位置描述

文中使用的数据来自世界投入产出数据库（WIOD）。这一投入产出表属于价值型投入产出表，可以用来对接总量体系与增量核算体系。本节在分解 VS、测算各经济体产业上游度时都直接用到这一数据。在计算 GVCs 分工地位时，需要用到平均劳动报酬，由于缺少各国各产业的劳动力投入数量和劳动增加值份额，无法直接计算。在 WIOD 的社会经济账户（Socio-Economic Accounts）中，提供了上述 40 个国家或地区 1995—2009 年的资本与劳动增加值份额，低技术劳动力占比、人均固定资本含量、平均劳动报酬均由此计算得出。联合国贸易和发展组织（UNCTAD）发布的《2015 年世界投资报告》中提供了世界各国 1970—2014 年 FDI 存量数据，汇率的相关数据由 WIND 数据库的实时数据统计得到。表 5-1 呈现了主要变量的描述性统计。

表 5-1　　　　　　　　主要变量描述性统计分析

| 变量 | 含义 | 均值 | 标准差 | 最小值 | 最大值 |
|---|---|---|---|---|---|
| 被解释变量 | | | | | |
| *TSI* | 产品复杂度指数 | 24.04 | 28.72 | 0.10 | 185.36 |
| *GVC - DOM_{low-end}* | 价值链控制力 | 0.45 | 0.13 | 0.15 | 1 |

续表

| 变量 | 含义 | 均值 | 标准差 | 最小值 | 最大值 |
|---|---|---|---|---|---|
| 解释变量 | | | | | |
| *Upstream* | 上游度指数 | 2.17 | 0.43 | 1.01 | 8.89 |
| *l* | 低技术劳动力 | 0.35 | 0.25 | 0.01 | 0.90 |
| *kl* | 资本深化程度 | 15.03 | 16.22 | 6.45 | 129.25 |
| *law* | 制度质量 | 0.87 | 0.81 | 0.38 | 2.00 |
| ln*FDI* | 国际直接投资取对数 | 10.80 | 1.83 | 5.50 | 15.08 |
| *exchange* | 汇率 | 0.87 | 1.35 | 0 | 21.92 |

资料来源：根据 2013 版世界投入产出数据库（WIOD）整理。

选取表 5-1 中 40 个经济体 14 个制造业 2009 年被解释变量 *TSI* 和 $GVC\text{-}DOM_{low\text{-}end}$ 基础解释变量 *Upstream* 的数据组成曲线图，从增值能力和控制能力两个方面，初步反映 GVCs 分工地位由上游嵌入下游的变化趋势。由于篇幅的限制，这里选取 14 个制造业中三个趋势变化迥异的产业进行报告。如图 5-1 至图 5-6 所示，三个产业的分工地位变化趋势具有明显的产业异质性，随着嵌入位置的降低，交通设备制造业 GVCs 分工地位明显降低，最具增值能力和控制能力的嵌入位置均在价值链上游，具有典型的生产者驱动特征，与本章描述的上游环节主导产业相符；与之相反，服装纺织业的上游环节的产品复杂度与增值方式都处于劣势，下游环节的分工地位更高，与购买者驱动 GVCs 的特征一致，GVCs 下游环节的主导趋势明显；电子设备制造业的分工地位随嵌入位置的变化趋势较为

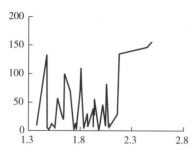

**图 5-1　交通设备制造业增值能力分布**

资料来源：根据 2013 版世界投入产出数据库（WIOD）整理。

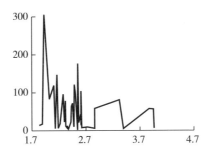

图 5-2　服装纺织业增值能力分布

资料来源：根据 2013 版世界投入产出数据库（WIOD）整理。

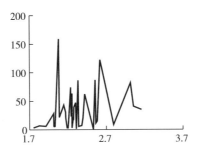

图 5-3　电子设备增值能力分布

资料来源：根据 2013 版世界投入产出数据库（WIOD）整理。

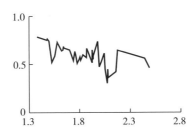

图 5-4　交通设备制造业控制能力分布

资料来源：根据 2013 版世界投入产出数据库（WIOD）整理。

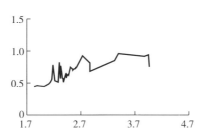

**图 5-5　服装纺织业控制能力分布**

资料来源：根据 2013 版世界投入产出数据库（WIOD）整理。

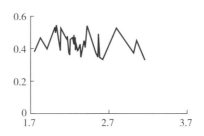

**图 5-6　电子设备控制能力分布**

资料来源：根据 2013 版世界投入产出数据库（WIOD）整理。

特殊，其控制能力随着嵌入位置的降低而逐渐下降，但是在 GVCs
上中下游区域，均存在高增值能力的分工位置，与上游环节主导产
业的特征不完全相符。下一部分将通过回归分析，更严谨地讨论嵌
入位置与分工地位的关系，以确定各产业的主导环节。

# 第四节　GVCs 嵌入位置与制造业升级的关系

由于产业异质性的存在，各产业主导环节位于 GVCs 的不同位
置，从相同位置嵌入 GVCs 难以实现所有产业的转型升级。为了指
明中国制造业升级方向，寻找 GVCs 的内在升级规律，亟待识别出
各产业 GVCs 的高附加值环节，并将其作为判断产业升级方向的依

据。施振荣和林文玲（2005）的"微笑曲线"、Gereffi 和 Korze-niewicz（1994）的"二元驱动"是描述分工位置与分工地位关系的经典模型，本章在此基础上提出了上游主导产业、下游主导产业和混合主导产业三种 GVCs 主导类型。但上述模型基于逻辑判断得到，未经过实证分析检验。采用恰当的分析方法判断各条价值链的主导环节，是检验已有经典模型、解释全新经济现象的有效途径。本节将利用产业上游度、产品技术复杂度和价值链控制能力指数等指标通过面板数据回归分析，讨论 GVCs 嵌入位置与制造业升级之间的关系。GVCs 分工地位高低主要取决于价值链增值能力和控制能力，基础解释变量产业上游度指数与被解释变量产品技术复杂度的系数符号和显著性可以从增值能力角度检验"二元驱动"模型结论的准确性。当两者呈现显著正相关关系时，表明越靠近 GVCs 的上游，越有利于这类产业升级，此类产业属于上游主导型产业；若系数符号显著且为负，则下游嵌入是提升此类产业分工地位的有效途径，可将其作为下游主导型产业；当系数符号不显著时，说明上游或下游不再是该产业的唯一高附加值环节，存在多个分工环节混合主导产业升级的状况，文中将这类情况作为混合主导型产业的判断标准。同理，上游度指数与 $GVC\text{-}DOM_{low\text{-}end}$ 指数的回归结果则从 GVCs 控制能力的视角展示了 14 个制造业产业的主导环节。

**一　制造业全球价值链主导环节归类**

为了防止"伪回归"现象的产生，在进行回归分析前首先进行单位根检验和协整检验。结果表明，各变量一阶差分序列均为平稳序列，且具有协整关系，具备进行回归分析的条件。本书选取的截面仅包括 40 个经济体，尚有未考察到的经济体，应采用静态面板随机效应分析，豪斯曼检验的结果也显示应采用随机效应分析。

回归结果显示，14 个制造业产业按主导环节可以分为三类。第一类产业为 GVCs 上游环节主导型，包括食物生产、饮料和烟草业，木材和软木制品业，基础金属和人造金属制品业，橡胶和塑料制品业，其他非金属制品业，机械与设备制造业，交通设备制造业和其他制造、回收业 9 个产业。GVCs 上游环节主导型产业具有 Gereffi 定义的生产者驱动型 GVCs 特征，占据了 GVCs 的上游核心环节就控制了整条价值链，其中机械与设备制造业的工作母机制造阶段直接决定了后续零件和成品机械的质量；而交通设备制造业早在风洞实验环节车、船的价值已经有了巨大差异。由于篇幅限制，这一部分仅通过表 5-2 报告交通设备制造业的回归结果，说明上游环节主导型嵌入位置与 GVCs 分工地位的关系。

表 5-2　　　　　　　三类产业嵌入位置与 GVCs 分工地位

| | 交通设备制造业 | | 服装纺织业 | | 电子与光学设备制造业 | |
|---|---|---|---|---|---|---|
| | *TSI* | *GVC - DOM* | *TSI* | *GVC - DOM* | *TSI* | *GVC - DOM* |
| | （1） | （2） | （3） | （4） | （5） | （6） |
| *Upstream* | $7.16^{**}$ (2.83) | $-0.10^{***}$ (-11.38) | $-2.59^{*}$ (-1.94) | $0.06^{***}$ (3.52) | 2.16 (1.53) | -0.09 (-1.41) |
| 观测值 | 600 | 600 | 600 | 600 | 600 | 600 |
| $R^2$ | 0.01 | 0.18 | 0.01 | 0.09 | 0.03 | 0.11 |
| F | 6.40 | 129.55 | 3.77 | 47.61 | 2.35 | 1.77 |

注：各变量回归系数下方的括号中数字为系数标准差，*、**和***分别代表了 10%、5%、1%的显著性水平。

从增值能力视角看，表 5-2 中第（1）列显示，在交通设备制造业的主导环节，基础解释变量 *Upstream* 的回归系数在 5% 的显著性水平下为正值，回归系数显著是 GVCs 高附加值环节向价值链一端集中的写照，系数符号为正说明在交通设备制造业内上游度指数高的经济体，产品复杂度（*TSI*）同样较高，即在交通设备制造业价值链中，增值能力强的经济体，其嵌入位置集中在价值链的上游区域。王岚和李宏艳（2015）在分析 2001—2011 年中国制造业融入价值链的路径演进时也指出，交通设备制造业的增值能力与嵌入位置出现同升同降的情况，本章与其的结论基本一致。

再从控制能力视角看，第（2）列显示，在交通设备制造业的主导环节，上游度指数与增值能力指数（增值能力越强，$GVC\text{-}DOM_{low\text{-}end}$ 系数越小）为显著负相关，反映交通设备制造业上游环节对整条 GVCs 的控制能力最强。2011 年日本福岛地震后，位于日本本岛的自动变速箱钢带、整车控制芯片、发动机耐磨控件等关键零部件的生产陷入瘫痪，造成汽车产业 GVCs 下游环节一度瘫痪，遍布中国、德国和法国的整车制造商零部件库存紧张，造成当年全球汽车产业减产 30%，上游关键环节对交通设备制造业的控制能力可见一斑。综合第（1）列和第（2）列提供的信息，可知能够嵌入 GVCs 上游环节的经济体具有更强的增值能力和控制能力，GVCs 分工地位更高，所以本章将这类产业归纳为 GVCs 上游环节主导型。

第二类为下游环节主导型产业，包括皮具和制鞋业、服装纺织业和化学品及化学制品业。这类产业属于 Gereffi 定义的购买者驱动型 GVCs，主要附加值和核心环节位于价值链末端。在鞋类、服装产业的 GVCs 中，下游环节主导体现为品牌的价值，在孟加拉国、中国代工的皮带贴上路易·威登的商标后，增值 20 倍（曾箫，2003）；国外化工界普遍认为通用化学品在中国低成本通用化工产品的冲击下难以取得竞争优势，因此巴斯夫、杜邦等公司剥离了价值链中这一环节，专注发展更贴近市场终端需求的精细化工，不仅获得了高附加值而且重新取得了这一产业的主导权（宋玉春，2004）。本章以服装纺织业为例描绘 GVCs 下游环节主导型产业分工位置与分工地位的关系。如表 5-2 第（3）列和第（4）列的回归结果显示，当一个经济体由这类产业上游嵌入时，其增值能力和控制能力低于下游嵌入的经济体，越靠近服装纺织业 GVCs 下游的经济体在 GVCs 中取得的分工地位越有利。孟祺（2016）在测算各经济体服装纺织业的竞争力时，将各分工环节绘制成这一产业的价值链，价值链下游区域的服装设计、营销环节被标记为核心环节。本章将此类产业作为 GVCs 下游环节主导产业。

除了 Gereffi 指出的生产者驱动型 GVCs 和购买者驱动型 GVCs，还有一类产业增值能力和控制能力突出的环节并没有完全集中在 GVCs 的上游或下游，在 GVCs 的多个关键节点均存在分工地位高的经济体，本章将这类产业称为 GVCs 混合主导型，具体包括纸张、印刷和出版业，焦炭、精炼石油和核燃料业以及电子与光学设备制造业。位于数字印刷出版业价值链上中下游的内容提供商、技术提供商与数字销售平台三分了其 GVCs 主要附加值。能源行业的矿石开采，精炼和成品销售环节位于 GVCs 的上中下游，每个环节都蕴含高附加值。电子与光学设备制造业上游的晶圆研发、设计环节，中游的封测环节以及下游的销售流通环节均能产生高附加值。为了体现混合主导型产业内附加值和控制力集中度低于"二元驱动"产业且具有多个关键节点的特点，本章报告了电子与光学设备制造业的回归分析结果。表 5-2 中第（5）列和第（6）列 *Upstream* 的系数未通过 10% 的显著性水平检验，表明从增值能力和控制能力两方面看，电子与光学设备制造业的主导环节并未向价值链一端集中。中国、日本、韩国等均为这一产业 GVCs 的重要参与者，中国与其他经济体相比上游度指数接近，但是分工地位差距巨大。以苹果手机为例，手机在中国组装后，以 194.04 美元的价格出口至美国，但在扣除显示屏、记忆芯片等部件的进口费用后，中国仅赚取了 6.54 美元的组装费，生产环节主要利润（80.05 美元）被韩国等取得（Gereffi and Lee，2012）。Wang 等（2013）在研究各经济体电子光学设备制造业竞争力时指出美国由下游嵌入这一产业，同样极具竞争力。基于实证分析结果和已有文献，本章认为存在 GVCs 混合主导产业。

**二　全球价值链嵌入位置变化对产业升级的影响**

上述三类产业中，GVCs 上游主导型产业有 9 个，下游主导型产业有 3 个，混合主导型产业有 3 个，按照三类产业对应的主导环节嵌入 GVCs，有利于提高企业对价值链的增值能力和控制能力，是占据有利分工地位、实现产业升级的先决条件。各经济体专注优势环节，培育竞争优势（Kogut，1985），嵌入价值链的不同环节，在完成国际分工的同时组成了一条覆盖产业上中下游的 GVCs，不同经济体在同一条 GVCs 的升级状况能够直观呈现嵌入价值链主导环节对于产业升级的意义。全力向 GVCs 上游发展的经济体，可能在上游主导型产业和混合主导型产业同时取得进步，在下游主导型产业中的表现不会格外突出；致力于拓展 GVCs 下游环节的经济体，在 GVCs 上游环节主导产业发展会相对滞后。为体现各经济体产业升级中的这一特征，本章依据分类结果，将 14 个制造业的 TSI 加权平均后转换为三类产业的 TSI，以 TSI 变化的大小反映 GVCs 升级的幅度，借鉴苏庆义和高凌云（2015）提出的增加值上游度测算出 1995—2009 年各经济体 14 个产业的整体上游度指数（$U'$），以这一指标体现各经济体 GVCs 嵌入位置。在分析嵌入位置与产业升级的变化趋势时，考虑了不同经济周期的影响，将整个样本区间划分三个时段，时间节点分别是 2001 年中国加入 WTO 和 2006 年国际金融危机之前。由于篇幅限制，本章在重点展示中国三类产业 GVCs 升级幅度和嵌入位置变化的同时，利用韩国、日本、德国和美国等发达经济体的表现作为对照。

表 5-3 报告了三个细分时段和 1995—2009 年全时段的上游度指数 $U'$ 年增幅与 TSI 年增速的变化趋势，中韩两国的上游度指数 $U'$ 年增幅和排名保持了持续上升的趋势，在嵌入位置不断向 GVCs 上游环节逼近的过程中，两国的上游主导型产业升级趋势最为明显，TSI 年增速在三个时期均排名前 10，但上游嵌入的趋势与下游主导型产业核心环节相互背离，使中韩两国下游主导产业的升级幅度有限，TSI 年增速甚至出现负增长的情形。美国上游度指数 $U'$ 在三个时段均表现为负增长，专注于 GVCs 的下游环节。Antràs（2012）对 2002 年美国 426 个产业进行投入产出分析时也得到类似结果，这与美国企业较少作为产品的生产者，注重控制销售、流通环节关系密切。受上游度指数 $U'$ 不断下降的影响，美国下游主导型产业和混合主导型产业的 TSI 年增速排名世界前列，上游主导型产业的升级

相对滞后。德国和日本并未持续向价值链上游或下游扩张。德国在第一时段和第二时段向价值链上游扩张，上游度指数 $U'$ 增幅明显，上游主导产业 $TSI$ 年增速较大；在第三时段转为向 GVCs 下游嵌入，上游主导产业升级速度显著放缓。日本与德国相反，在本章涉及的三个时段内由下游嵌入转为上游嵌入。比较各国 1995—2009 年全时段的升级幅度，德国和日本上游主导型产业的升级幅度小于中国和韩国，下游主导型产业则不如美国，这与其未沿着价值链单一方向持续扩张、嵌入位置不够靠近价值链的主导环节关系密切。嵌入位置与产业主导环节越契合越有利于产业升级，偏离了主导环节将掣肘产业升级，这一点在不同时期不同国家的三类产业升级排名中得到反复印证，且与上文回归结果保持一致。由于各类产业的主导环节差异明显，为了高效、平稳地实现我国制造业的产业转型升级，在规划升级方向时不应盲目照搬或推广某一产业的升级经验，应结合产业特征，在识别价值链内主导环节的基础上，将其作为产业升级的风向标，使嵌入位置不断逼近价值链主导环节。

表 5-3　　　　　三类产业 GVCs 升级幅度与分工位置对照

| 时段 | 国家 | 上游环节主导产业 | | 下游环节主导产业 | | 混合主导型产业 | | 整体上游度指数 | |
|---|---|---|---|---|---|---|---|---|---|
| | | TSI 年增速（%） | 排名 | TSI 年增速（%） | 排名 | TSI 年增速（%） | 排名 | U' 年增幅 | 排名 |
| 1995—2001 年 | 中国 | 9.73 | 4 | -0.08 | 20 | 13.13 | 6 | 0.0174 | 7 |
| | 韩国 | 2.20 | 10 | -0.02 | 18 | -0.03 | 21 | 0.0073 | 17 |
| | 日本 | -3.42 | 25 | 5.53 | 8 | -5.72 | 37 | -0.0007 | 27 |
| | 德国 | 3.71 | 8 | -4.78 | 31 | -4.96 | 36 | 0.0168 | 9 |
| | 美国 | -3.67 | 26 | 6.36 | 7 | 3.74 | 13 | -0.0144 | 35 |
| 2001—2006 年 | 中国 | 20.05 | 6 | 5.11 | 32 | 10.44 | 24 | 0.0375 | 4 |
| | 韩国 | 19.84 | 7 | 8.92 | 24 | 19.00 | 5 | 0.0348 | 5 |
| | 日本 | 3.14 | 36 | 12.11 | 14 | 0.09 | 38 | 0.0020 | 22 |
| | 德国 | 13.07 | 12 | 11.19 | 19 | 11.44 | 21 | 0.0172 | 9 |
| | 美国 | 2.45 | 38 | 15.37 | 6 | 14.61 | 15 | -0.0050 | 32 |

续表

| 时段 | 国家 | 上游环节主导产业 | | 下游环节主导产业 | | 混合主导型产业 | | 整体上游度指数 | |
|---|---|---|---|---|---|---|---|---|---|
| | | TSI 年增速（%） | 排名 | TSI 年增速（%） | 排名 | TSI 年增速（%） | 排名 | U' 年增幅 | 排名 |
| 2006—2009 年 | 中国 | 15.07 | 7 | 5.57 | 14 | 10.28 | 12 | 0.0441 | 3 |
| | 韩国 | 18.01 | 3 | −5.81 | 36 | −1.66 | 34 | 0.0510 | 2 |
| | 日本 | 6.40 | 19 | 1.82 | 23 | 3.91 | 22 | 0.0177 | 8 |
| | 德国 | 3.32 | 28 | 4.63 | 16 | 4.03 | 21 | −0.0025 | 24 |
| | 美国 | 0.85 | 31 | 7.45 | 7 | 6.35 | 17 | −0.0167 | 32 |
| 1995—2009 年 | 中国 | 10.00 | 6 | 5.03 | 15 | 11.55 | 7 | 0.0303 | 2 |
| | 韩国 | 8.67 | 7 | 1.68 | 30 | 5.91 | 17 | 0.0265 | 4 |
| | 日本 | 0.95 | 37 | 3.96 | 20 | −1.38 | 40 | 0.0115 | 12 |
| | 德国 | 2.56 | 30 | 2.69 | 25 | 2.57 | 33 | 0.0098 | 14 |
| | 美国 | 2.64 | 29 | 7.52 | 7 | 8.07 | 12 | −0.0085 | 36 |

资料来源：根据 2013 版世界投入产出数据库（WIOD）整理。

### 三 促进制造业升级的因素分析

确定了三类产业的主导环节，即明确了我国制造业的升级方向。为了使我国具备相应的增值能力和控制能力，沿着升级方向不断攀升，最终完成制造业的转型升级，还需要找到有利于制造业升级的相关因素。本部分在表 5-2 的基础上加入了 $l$（低技术劳动力比例）、$law$（制度质量）、$\ln FDI$（对外直接投资）、$exchange$（对美元价格）和 $kl$（资本深化程度）等控制变量。表 5-4 报告的回归结果显示，除 $kl$ 外，三类产业控制变量的系数符号与预期相符，但是 $l$、$law$ 和 $\ln FDI$ 的回归系数均大于 $exchange$ 和 $kl$，在显著性方面前者表现也更优异。这说明高技术人才、制度质量和国际直接投资等高级生产要素对制造业升级的促进作用强于廉价劳动力、资本等传统生产要素，与人口红利与大规模政府投资相比，加大研发设计环节的投入力度，以创新驱动发展，重视人才，增加中、高技术员工比例，简政放权，提高制度质量，加大对外开放力度，改善营商环境才是产业转型升级的有效措施。这一结论也与波特国际竞争优势模型对生产要素的相关表述一致。如表5-4第（1）列和第（2）列所示，细化到三类产业分析五种升级要素的重要程度，人力资源禀赋在上游环节主导产业的转型升级中发挥了关键作用。抢占价值链上游的研发、设计环节需要大量的专利、技术储备，高新技术的重要载体是高技术人才，所以人力资源禀赋自然成为提升上游主导产业GVCs分工地位的关键因素。第（3）列和第（4）列的回归结果显示：制度质量是实现下游环节主导产业的关键因素。这类产业的主导环节是销售、流通环节，完善的制度和良好的营商环境可以降低交易成本（戴翔和郑岚，2015），有利于销售网络的扩张和正常运行。如第（5）列和第（6）列所示，人力资源禀赋和对外直接投资是有利于GVCs混合主导产业分工地位提升的关键因素。混合环节主导产业具有明显的产业融合趋势，纸张、印刷和出版业等传统媒体与互联网融合，焦炭、精炼石油和核燃料业与环保产业关系越来越密切，电子与光学设备制造业则与多个传统制造业密切融合。产业融合使产业的边界越来越模糊，在价值链重叠、交替的过程中，高附加值和关键节点在GVCs非传统位置产生。研发与创新是融合的基础，不同产业积累了足够的专利后才会出现相互交叉、渗透的可能，而FDI则是加速区域之间资源流动与重组、促进知识溢出的重要途径，所以这两种因素在混合主导产业的升级中发挥了关键作用。

表 5-4　　　　　　　　　三类产业 GVCs 分工地位与影响因素

| | 交通设备制造业 | | 服装纺织业 | | 电子与光学设备制造业 | |
|---|---|---|---|---|---|---|
| | *TSI* | *GVC - DOM* | *TSI* | *GVC - DOM* | *TSI* | *GVC - DOM* |
| | （1） | （2） | （3） | （4） | （5） | （6） |
| *Upstream* | 11.90*** (4.07) | -0.08*** (-8.18) | -3.23** (-2.45) | 0.05*** (3.17) | 1.55 (1.26) | -0.09 (-1.17) |
| *l* | -31.58*** (-2.59) | 0.14*** (3.05) | -4.76** (-2.23) | 0.09*** (2.93) | -25.09*** (-3.16) | 0.04*** (-5.42) |

续表

| | 交通设备制造业 | | 服装纺织业 | | 电子与光学设备制造业 | |
|---|---|---|---|---|---|---|
| | *TSI* | *GVC - DOM* | *TSI* | *GVC - DOM* | *TSI* | *GVC - DOM* |
| | (1) | (2) | (3) | (4) | (5) | (6) |
| *law* | 10.55 *** (2.96) | -0.07 ** (2.64) | 11.64 *** (2.98) | -0.09 * (1.89) | 0.83 *** (16.55) | -0.01 ** (2.05) |
| ln*FDI* | 5.76 *** (7.89) | -0.03 *** (7.05) | 1.49 * (1.76) | -0.04 ** (2.71) | 7.59 *** (3.21) | -0.03 *** (-2.79) |
| *exchange* | 1.21 *** (2.80) | -0.01 * (1.90) | 0.92 * (1.77) | -0.02 ** (2.58) | 1.51 *** (2.88) | -0.003 (-0.96) |
| *kl* | -0.21 *** (-5.42) | -0.001 (-1.33) | 0.28 *** (8.26) | -0.001 *** (-3.42) | 0.37 (1.07) | -0.001 *** (-2.79) |
| 观测值 | 600 | 600 | 600 | 600 | 600 | 600 |
| R$^2$ | 0.24 | 0.27 | 0.13 | 0.18 | 0.44 | 0.14 |
| F | 32.07 | 59.68 | 17.44 | 23.38 | 81.02 | 16.88 |

注：各变量回归系数下方的括号中数字为系数标准差，＊、＊＊和＊＊＊分别代表了10％、5％、1％的显著性水平。

# 第五节　本章小结

本章首先从 Gereffi 和 Korzeniewicz（1994）提出的两种 GVCs 驱动类型出发，通过寻找 GVCs 嵌入位置与分工地位之间的关系，将14 个制造业产业按 GVCs 主导环节分为三类，将主导环节作为产业升级方向。其次，以 40 个经济体上游度指数时序变化，讨论嵌入位置变化对三类产业升级幅度的不同影响。最后，分析了有利于分工地位提升、实现产业升级的相关因素，得出以下结论：

第一，14 个制造业产业的 GVCs 主导环节具有异质性。Gereffi 和 Korzeniewicz（1994）在全球商品链（Global Commodity Chains，GCCs）的驱动力研究中，提出生产者驱动和购买者驱动两种驱动模式。本章通过经验估计讨论了 GVCs 嵌入位置与分工地位的关系，发现 14 个制造业产业中除了上游环节主导型产业和下游环节主导型产业，还有混合主导型产业，不同产业的 GVCs 主导环节具有异质性，并不是"微笑曲线"描绘的同质性价值分配模型。

第二，GVCs 嵌入位置变化对三类产业升级产生不同影响。15 年来，中国沿着 GVCs 向上游环节扩张，在本章归纳的三类产业中上游环节主导产业和混合主导产业升级趋势明显，下游环节主导产业升级相对缓慢。美国一直向 GVCs 下游发展，仅在下游环节主导产业和混合主导产业升级趋势明显，上游环节主导产业升级幅度较小。

第三，高级生产要素对制造业升级的促进作用强于传统生产要素。仅从回归系数大小判断，高技术人才、制度质量和国际直接投资等高级生产要素对产业升级的促进作用是廉价劳动力、资本等传统生产要素的 5—10 倍，且具有更优异的显著性。其中，人力资源禀赋是上游环节主导产业升级的关键因素；制度质量对下游环节主导产业分工地位的提高最重要；混合主导产业升级的关键在于人力资源禀赋和国际直接投资。

由结论得到的启示是：首先，升级方向的选择对产业发展前景以及国际竞争力构成重要影响，当中国将 GVCs 上游环节作为主要升级方向后，服装、制鞋业的比较优势下降明显。基于三类产业主导环节具有异质性的发现，在规划制造业升级方向时，不应盲目照搬或推广某一产业的升级经验，应结合产业特征，在识别价值链内主导环节的基础上，将其作为产业升级的风向标。其次，提升 GVCs 分工地位，向价值链主导环节逼近，需要相应的增值能力和控制能力。培育高级生产要素，形成价值链研发创新、销售设计环节的比较优势，以取代日渐式微的人口红利、资源禀赋，是防止中国制造业被挤出 GVCs、实现产业升级的有效途径。因此，我国应该践行创新驱动发展战略，重视人才培养，增加中、高技术员工比例；简政放权，提高制度质量；加大对外开放力度，改善营商环境，最终转变高投入、高污染、高消耗、低效益的经济发展方式。

# 第六章 从嵌入全球价值链到主导区域价值链

GVCs 升级方向与升级因素的探索有助于了解 GVCs 升级路径。GVCs 以外升级路径与空间的开拓，将培养我国的价值链治理能力，缓解中国制造业对 GVCs 的路径依赖，有利于解除发达国家的"俘获""锁定"。本章将依据前文的理论和实证分析及历史数据，从增加值核算的角度实证分析中国制造业是否具备从嵌入 GVCs 转为主导 RVCs 的条件，以及这一转换对中国制造业发展的影响，从而论证"一带一路"RVCs 升级路径在经济上的可行性问题。

## 第一节 区域价值链概念的提出

如图 6-1 所示，加入 WTO 后，中国净出口总额年年递增，增幅显著；但在 2008 年国际金融危机全面爆发后，这一指标呈现出"断崖式"衰退。欧美日等发达经济体增长放缓甚至衰退，有效需求减少，新兴国家逐渐成为世界经济复苏的引擎。来自 WTO 的数据显示，2010 年后，发展中国家取代发达国家，成为亚洲制造业产品出口的主要目的地。

### 一 区域价值链的内涵

在欧美日主导的 GVCs 中，中国制造业面临着贸易利得萎缩的风险，长期从事低附加值环节并被发达国家"俘获""锁定"（刘志彪和张杰，2007）是国内外学者关注的问题。处在低附加值环节

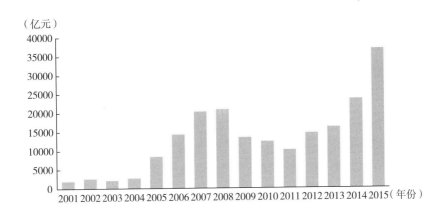

图 6-1　2001—2015 年中国净出口总额

资料来源:《中国统计年鉴（2016）》。

的国家或地区具有较大的地理弹性，地理弹性越高，面临的竞争越激烈，越容易被其他地区取代（张辉，2005）。如果全盘否定GVCs，专注发展国内价值链（张少军和刘志彪，2013），是倒退到进口替代战略的发展思路，20 世纪 70 年代南美国家的失败经验和当今国际分工带来的巨大收益都说明这一方案已经不合时宜。为了避免低端锁定，同时发挥价值链分工产生的专业化经济和比较优势（杨小凯和黄有光，2009），亟须提出新的发展战略。本章提出了RVCs 的概念，RVCs 是指以产业升级和中高端化发展为目标，联合周边产业互补性强的新兴国家或地区，为实现商品或服务价值而连接生产、销售、回收处理等过程的区域性跨企业网络组织。中国若能同周边新兴国家组成 RVCs，将有机会从 GVCs 中的技术落后方转换为 RVCs 中的相对技术先进方，接触甚至控制价值链的中高端环节，进而通过主导 RVCs，达成我国经济发展向中高端水平迈进的目标。

　　习近平总书记于 2013 年提出了建设"新丝绸之路经济带"和"21 世纪海上丝绸之路"的倡议构想，即"一带一路"倡议。"一带一路"沿线以发展中国家和新兴国家为主，人口和经济总量分别占全球的 63% 和 29%，自然资源丰富，但是缺少资金、技术和管理经验。中国制造业经过几十年的技术、资金积累，已经具备了成熟的生产能力和一定的研发能力，能够从事加工、组装以外的高附加值环节（Kaplinsky and Farooki，2011）。中国海关总署 2015 年第二季度的数据显示，中国对"一带一路"沿线国家的出口额已经占到总出口的 1/4，双方开展互利合作的前景广阔。而且，这些国家在地理上与中国邻近，具备了形成 RVCs 的关键要素。所以和以往对外开放加入 GVCs 的发展战略不同，在"一带一路"倡议下推动的 RVCs，不是通过引进外资、技术和管理经验来发展自己，而是通过输出资金、技术和管理经验，推动周边国家的发展和繁荣，从而带动中国自己的经济转型升级和区域发展再平衡（贾庆国，2015）。若"一带一路"倡议在经济上可行，中国将从嵌入欧美日主导的 GVCs 转换为自我主导的 RVCs。这一转变对于中国制造业摆脱发达国家的"俘获""锁定"，降低"挤出效应"，实现中高端化、高附加值发展具有重要意义。

## 二 区域价值链与全球价值链的互动和联系

将 GVCs 与 RVCs 并列讨论最早见诸 Baldwin（2011）的研究，他的主要观点是产品各价值产生环节的全球化特征并不明显，更多地呈现出区域化特征。支撑这一观点的证据有三点，首先，来自 WIOD 的数据显示，2009 年全球用于本国消费的货物、服务和自然资源分别为 73%、91% 和 80%，只有较少的部分用于出口。其次，按照 Koopman 等（2012）提出的增加值分解方法进行测算，世界各国的总出口中，仅有约 20% 的出口增加值被其他国家获取，这一指标越大代表世界各国嵌入 GVCs 的程度越高。最后，Baldwin 和 Lopez-Gonzalez（2015）的研究发现 GVCs 主要以美国、德国、日本和中国这四大"巨头"为核心，周边国家主动嵌入这四大"巨头"所在的价值链，并逐渐形成了北美 RVCs、欧洲 RVCs 和亚洲 RVCs。除了这四大"巨头"外，其他国家很难突破 RVCs 的限制，跨区域嵌入价值链。中国开展"一带一路"倡议正是顺应了这一规律，通过主动寻求与周边国家的联系，巩固和提高自身在 RVCs 中的地位。

另一部分学者从国际金融危机后新兴国家和发达国家的海外需求变化出发，解释了 RVCs 兴起的原因。2005—2010 年，欧盟与美国的进口额分别增加了 27% 和 14%；巴西、中国和印度增幅超过100%，在国际金融危机后，OECD 国家普遍出现"贸易塌陷"，进出口额跌幅均超过 10%，加速了 GVCs 中主要市场由北方国家向南方国家的转换（Kaplinsky and Farooki，2011）。这一转换激励了发展中国家的龙头企业对 RVCs 的构建。在非洲地区，由南非的零售企业主导，莱索托和斯威士兰的制造商参与，形成了成衣制造的RVCs。与美国主导的 GVCs 相比，这一 RVCs 依托区域内厂商的直接联系，能够缩短产品的运营流程，加快对市场需求的反应速度（Morris，2011）。而且，价值链的终端市场变为新兴国家，还产生了明显的产业升级机会，因为新兴国家对产品种类或质量的要求相对发达国家更为宽松，能够促进周边具备一定技术能力的发展中国家企业形成 RVCs，这些企业开始有机会从事产品开发设计等高附加值环节，而上述分工环节在 GVCs 中牢牢地被大型跨国公司把持，是发展中国家企业难以涉足的领域（Kaplinsky and Farooki，2011）。

新兴国家旺盛的需求与 RVCs 提供的产业升级机会正好与"一带一路"倡议化解过剩产能、带动经济转型升级的初衷一致。国内学者针对这一问题，对"一带一路"沿线国家与中国的贸易互补性、制造业海外转移等问题展开研究。韩永辉等（2015）通过测算中国与西亚的出口相似度指数、产业内贸易指数，发现双边的贸易竞争性较弱，互补性强，得出中国与西亚应加强贸易合作的结论。有学者在研究制造业海外转移问题时，也指出 2008—2012 年"一带一路"沿线国家 GDP 年均增速为 4.96%，经济发展需求旺盛，而工业化和创新能力普遍较低，有望成为我国中低端劳动密集型产业和产能过剩型产业的海外承接地。这些产业海外转移后，在产业价值链转移效应和生产要素重组效应的共同作用下将推动制造业转型升级，为我国制造业向价值链高端环节发展、获得高附加值创造了条件（苏杭，2015）。关于"一带一路"框架下 RVCs 与 GVCs 的联系与互动，张辉（2015）提出了"双环流"体系，其中一个环流位于中国与发达国家之间，另一个环流位于中国与亚非拉等发展中国家之间。一方面，中国在发达国家主导的 GVCs 环流中，可以通过 BIT 进一步引进吸收先进技术；另一方面，中国在"一带一路"倡议下形成的 RVCs 环流里，能够实现技术的产业化，完成制造业升级与经济发展中高端化。

上述 RVCs 研究和其他国家或地区的发展经验能为中国制造业从嵌入 GVCs 转为主导 RVCs、成功实施"一带一路"倡议提供借鉴和参考，但是否符合中国实际，仍然存疑。因为现有的研究结论看好"一带一路"倡议，更多的是依据逻辑分析和经验判断，未获得广泛认同。Brandt 和 Thun（2011）指出，如果仅仅将市场锁定为低收入国家，容易导致制造商获利低微，并产生恶性竞争。同时，本章提出的在"一带一路"下的 RVCs 建设，不仅是对贸易利得的争取，更是对后金融危机时代制造业升级和中高端发展机会的把握。在由 GVCs 向 RVCs 转换后，中国制造业是实现对价值链高技术环节的控制，还是继续走低端发展的老路，是我们更加关切的内容。针对这一问题，本章将依据历史数据，从增加值核算的角度实证分析中国制造业是否具备从嵌入 GVCs 转为主导 RVCs 的条件，以及这一转换发生对中国制造业发展的影响，从而论证"一带一路"倡议在经济上的可行性问题。

# 第二节　增加值核算体系下价值链转换的测度方法与指标选取

在 GVCs 和 RVCs 的分析视角下，在分析价值链转换的条件与转换后对中国制造业发展的影响时，首先要确定合适的统计口径，然后在这一口径下度量中国与"一带一路"沿线国家进行经贸往来时的产业互补性与实际获得的利益，最后以中国获得的贸易增加值净值为基础，利用有关指标刻画中国制造业高端化发展的情况。按照这一思路，本章确定了研究方法、指标及数据。

## 一　区域价值链内产业互补性的测度方法与指标选取

### （一）研究方法

在进行贸易统计分析时，主要有两种口径。在分工深入产品内不同工序前，出口贸易以最终产品为主，直接使用贸易额作为产品价值的统计口径并不会引起较大误差。但是随着全球化进程的深入，各价值产生环节呈现出垂直分离的态势，中间产品贸易逐渐取代最终产品贸易，成为国际贸易中产品出口的主要形式，继续使用原有的统计方法，将夸大从事 GVCs 下游环节的国家或地区的竞争力，越靠近 GVCs 下游，实际获得的利益与出口额相差越大，这在从事加工组装环节的国家或地区尤为明显。近年来，中国大量贸易顺差与频发的贸易摩擦便是传统的统计方法反映失真的直接结果。

为了真实反映各国各产业在国际贸易中获得的实际利益，Koopman 等（2008，2010，2012）基于 GVCs，以增加值作为统计口径，提出了 KPWW 方法。如式（6-1）、式（6-2）所示。这种分析方法从两国模型出发，将增加值比例分配矩阵 $VB$ 与总出口矩阵 $E$ 相乘，得到总出口产生的增加值在国内与国外的分配情况。$V_rB_{rr}E_r$ 与 $V_sB_{sr}E_r$ 为 $E_r$ 在 $r$ 国和 $s$ 国的分配，$E_s$ 具有相同的性质。

分块矩阵 $VBE$ 对角线上的各矩阵表示产品出口为出口国带来的增加值，非对角线上的各分块矩阵则表示其他国家从该产品中获得的增加值。以 $s$ 国为例，总出口的本国增加值 $DV_s$ 与国外增加值 $FV_s$ 如式（6-1）所示：

$$DV_s = V_sB_{ss}\hat{E}_s \quad FV_s = V_rB_{rs}\hat{E}_s + V_tB_{ts}\hat{E}_s = \sum_{i \neq s} V_iB_{is}\hat{E}_s \qquad (6-1)$$

按照来源不同，Koopman 等（2010）对 $DV$ 做了进一步划分，如式（6-2）所示，$V_sB_{ss}\sum Y_{si}$ 表示最终产品出口给出口国带来的增加值；$V_sB_{ss}\sum A_{si}X_{ii}$ 表示中间产品出口，投入进口国的产业部门制成产品，在进口国直接投入或消费，给出口国带来的增加值；$V_s B_{ss} \sum A_{si} X_{is}$ 表示中间产品出口，投入进口国的产业部门制成产品，返回到出口地区投入或消费，给出口国带来的增加值；$V_s B_{ss} \sum A_{si} \sum X_{ir}$ 表示中间产品出口，投入进口国的产业部门制成产品，在出口国与进口国以外的第三国投入或消费，给出口国带来的增加值。

$$E_s = DV_s + FV_s$$

$$= V_s B_{ss} \sum_{i \neq s} Y_{si} + V_s B_{ss} \sum_{i \neq s} A_{si} X_{is} + V_s B_{ss} \sum_{i \neq s} A_{si} \sum_{r \neq s} X_{ir} + FV_s \quad (6\text{-}2)$$

加上 $FV$，Koopman 等（2010）将总出口 $E$ 分为五部分，形成一套以增加值为核心的贸易核算体系。这一体系不仅完整地反映了产品价值在各国间的分配，而且排除了传统的贸易统计方式中重复计算的部分，为度量各国各产业实际贸易利得创造了条件。

（二）区域价值链内产业互补性的指标选取

中国与"一带一路"沿线国家的产业互补性是一个值得注意的问题，关系到中国制造业是否具备从 GVCs 向"一带一路"RVCs 转换的条件。因为各国在价值链中如果是上下游关系，则能够形成产业互补，实现共同发展；如果位置重叠，则会产生激烈竞争，结果是相互取代、淘汰。所以，有必要优先考虑中国与"一带一路"沿线国家在 RVCs 中的互补性与竞争性问题。

Balassa（1965）提出的 RCA 指数（Revealed Comparative Advantage）能较好地反映一个国家或地区各产业的国际竞争力。比较中国制造业与"一带一路"沿线国家优势产业的重合度，可以判断两地产业层面竞争性的强弱。本章基于总出口的增加值分解方法，对 RCA 指数进行改进，完成贸易增加值对出口额的替换。以三国模型增加值分配矩阵为例，$V_r B_{rr} \hat{E}_r$ 为 $n \times n$ 的矩阵，元素 $v_{ijr} b_{ijrr} e_{ir}$ 为 $r$ 国 $i$ 产业的出口用于 $j$ 产业获得的增加值，由式（6-3）可知，$r$ 从国际贸易中获得的全部收益为 $ADV_r = V_r B_{rr} \hat{E}_r + V_r B_{rs} \hat{E}_s + V_r B_{rt} \hat{E}_t$ 所有元素之和 $\sum_{i=1}^{n} \sum_{j=1}^{n} (v_{ijr} b_{ijrr} e_{ir} + v_{ijr} b_{ijrs} e_{is} + v_{ijr} b_{ijrt} e_{it})$，可用来替换 RCA 指数

中 $r$ 国总出口 $\sum_{i=1}^{n} e_{ir}$；同理可知，贸易增加值对 RCA 指数中其他部分的替换结果如式（6-3）所示，替换后得到贸易增加值统计口径下的 RCA 指数，其中 $ADV_{ir}$ 为 $r$ 国通过 $i$ 产业获得的增加值，$ADV_i$ 为所有国家 $i$ 产业获得的增加值。

$$e_{ir} \Rightarrow ADV_{ir} = \sum_{j=1}^{n} (v_{ijr} b_{ijrr} e_{ir} + v_{ijr} b_{ijrs} e_{is} + v_{ijr} b_{ijrt} e_{it}),$$

$$\sum_{i=1}^{n} e_{ir} \Rightarrow ADV_r = \sum_{i=1}^{n} \sum_{j=1}^{n} (v_{ijr} b_{ijrr} e_{ir} + v_{ijr} b_{ijrs} e_{is} + v_{ijr} b_{ijrt} e_{it}),$$

$$e_i \Rightarrow ADV_i = ADV_{ir} + ADV_{is} + ADV_{it}, \tag{6-3}$$

$$RCA_{ir} = \frac{(e_{ir} / \sum_{i=1}^{n} e_{ir})}{(e_i / \sum_{i=1}^{n} e_i)} \Rightarrow RCA_{ir} = \frac{ADV_{ir} / ADV_r}{ADV_i / \sum_{i=1}^{n} e_i}$$

RCA 指数能够准确衡量各国在产业层面的产业互补性与竞争性，但是随着价值链垂直分离和"碎片化"程度的不断提高，国际分工的主导形式经历了由产业间分工转向产业内分工、由产业内不同产品分工转为产品内不同工序分工的变化（Grossman and Rossi-Hansberg，2012），这一指标已经无法满足度量各国在产品内部各工序环节的竞争性与互补性的要求。

因此，本章提出价值链显性比较优势指数（Revealed GVC Advantage，RGVCA），如式（6-4）所示，分子代表 $r$ 国 $i$ 产业中间产品出口占总出口的比重，这一比例越高说明 $r$ 国在 $i$ 产业的竞争力越强，越多地从事设计、研发等高附加值环节；相反，这一比例越低代表 $r$ 国出口产品以最终产品为主，越多地从事组装、加工等低附加值环节。分母为各国 $i$ 产业中间产品出口占总出口的比重。

$$RGVCA_{ir} = \frac{Ie_{ir} / e_{ir}}{Ie_i / e_i} \tag{6-4}$$

为了避免重复计算并更好地体现中间产品与最终产品的技术特征，式（6-5）用贸易增加值替换式（6-4）中的出口额，其中 $IADV_{ir}$ 为 $r$ 国从 $i$ 产业中间产品获得的增加值，$IADV_i$ 为各国从 $i$ 产业中间产品获得的增加值总和。

$$RGVCA_{ir} = \frac{(Ie_{ir}/e_{ir})}{(Ie_i/e_i)} \Rightarrow RGVCA_{ir} = \frac{(IADV_{ir}/ADV_{ir})}{(IADV_i/ADV_i)} \tag{6-5}$$

## 二 价值链转换前后贸易利益与分工地位的测度方法与指标选取

### (一) 贸易增加值净值

利用增加值分解方法对总出口进行划分后，可以依据各部分增加值的归属，得到一国的贸易增加值净值。如式 (6-6) 所示，本章首先利用两国模型，确定 $r$ 国与 $s$ 国贸易往来获得的贸易增加值净值 $TVA_r$。其中，$V_rB_{rr}E_r$ 为 $r$ 国出口获得的增加值，$V_rB_{rs}E_s$ 为 $s$ 国的总出口中被 $r$ 国获得的增加值，两者之和为 $r$ 增加值的总收益，$V_sB_{ss}E_s$ 为 $r$ 国从 $s$ 国进口支出的增加值，总收益减去支出得到贸易增加值净值 $TVA_r$。

$$TVA_r = V_rB_{rr}E_r + V_rB_{rs}E_s - V_sB_{ss}E_s \tag{6-6}$$

当讨论 $r$ 国从另一个国家 ($t$) 得到的贸易增加值净值 $TVA_{rt}$ 时，需要用到三国模型。如式 (6-7) 所示，$V_rB_{rr}E_{rt} + V_rB_{rt}E_t$ 为 $r$ 国从 $t$ 国获得增加值的总收益，$E_{rt}$ 为 $r$ 国对 $t$ 国的总出口；$V_tB_{tt}E_t + V_tB_{st}E_t$ 为 $r$ 国从 $t$ 国的进口支出给 $t$ 国和 $s$ 国增加值的总和，总收益减去总支出得到 $r$ 国对 $t$ 国的贸易增加值净值 $TVA_{rt}$。

$$TVA_{rt} = V_rB_{rr}E_{rt} + V_rB_{rt}E_t - (V_tB_{tt}E_t + V_tB_{st}E_t) \tag{6-7}$$

### (二) 价值链位置指数

通过式 (6-6) 与式 (6-7) 反映一国在经贸活动中获得的增加值净值后，下面使用 Koopman 等 (2012) 提出的价值链位置指数 (GVCPO) 刻画各国在产品内分工中所处位置，并利用位置的不同表示各国在价值链分工中技术含量的高低。最后，本章通过比较中国在 GVCs 与 "一带一路" RVCs 中所处位置，来说明中国从嵌入GVCs 到主导 RVCs，是否可能接触到价值链的高端环节。

在价值链分析中，总出口之所以需要按式 (6-2) 分解，在于中间产品成为最终产品前，会经历一次或者多次增值的过程，既不能简单地认为所有价值都属于最终产品生产国，也不能重复计算在各国间流转的中间产品，需要通过分解以增加值的形式统计各国在价值链中的实际收益。如式（6-1）所示，$V_sB_{sr}\hat{E}_r$ 与 $V_sB_{st}\hat{E}_t$ 为 $r$ 国和 $t$ 国的出口给 $s$ 国带来的增加值，这里 $s$ 国的产业部门为 GVCs 的上游环节，它们利用中间产品产出新的产品，并投入下游环节 $r$ 国和 $t$ 国的产业部门，这些产品在 $r$ 国和 $t$ 国的产业部门增值后用于出口。所以 $r$ 国和 $t$ 国出口的产品同样能为 $s$ 国带来增加值，不能简单地将产品价值全部归并到 $r$ 国和 $t$ 国。如式（6-8）所示，令 $TV_s$ 为其他国家出口给 $s$ 国带来的增加值，$FV_s$ 为 $s$ 国出口的产品给其他国家带来的增加值，$GVCPO_s$ 为衡量 $s$ 国在价值链中所处位置的指标。$TV_s/E_s$ 代表 $s$ 国处在价值链上游环节的程度，$TV_s/E_s$ 越大，$s$ 国越靠近 GVCs 的上游环节；$FV_s/E_s$ 代表 $s$ 国处在价值链下游环节的程度，$FV_s/E_s$ 越大，$s$ 国越靠近 GVCs 的下游环节。

$$GVCPO_s = \ln\left(1+\frac{TV_s}{E_s}\right) - \ln\left(1+\frac{FV_s}{E_s}\right) \tag{6-8}$$

### 三　数据来源

本章使用的数据来自 2016 版和 2013 版的世界投入产出数据库（WIOD）。2016 版 WIOD 由欧盟于 2016 年 11 月发布，提供世界投入产出表与国家投入产出表，世界投入产出表包括 2000—2014 年 28 个欧洲国家和世界其他 15 个主要经济体 56 个产业（NACA 分类方法）的投入产出数据，全球剩下的国家或地区用 ROW 表示。"一带一路"倡议沿线涉及多个国家或地区，其中 14 个国家的数据出现在世界投入产出表中，其他国家或地区因为经济体量较小或者其他因素而难以获得，统一归并在 ROW 中。

本章的处理方法是同时计算出美国、欧洲（德国、英国、法国、意大利 G8 四国）、日本、"一带一路"沿线 14 国和 ROW 的相关数据。一方面利用 14 国和 ROW 从正面反映中国与"一带一路"沿线国家构建 RVCs 后对贸易增加值净值和产业高端化发展的影响，另一方面考察与欧美日组成的 GVCs 中相关指标的变化情况，以弥补 WIOD 中"一带一路"沿线国家数量不足的问题。2013 版的 WIOD 数据库包含 1995—2011 年 40 个经济体、35 个产业的数据。随着新版本数据库产业划分的进一步细化和国家数量的增加,2011 年后的数据变得可以获取,国际金融危机后世界贸易格局的变化以及中国制造业所受影响将以更完整的方式呈现,经过更多样本的检验,本章的推演和结论也更具可信度。

同时,两个版本数据库产业、国家数量的差异,给全面应用已有数据带来了障碍。本章的处理方式是,将 2016 版 WIOD 56 个产业中的 19 个细分制造业产业进行归并,将增加的国家并入 ROW 项,保持两个版本数据库划分方式的一致性。合并后的制造业产业划分明细如表 6-1 所示,共 13 个细分产业,下文测算的各项指标都将按合并后的产业划分标准汇报。

表 6-1　　　　WIOD 2016 与 WIOD 2013 制造业归并对照

| WIOD 2016 | WIOD 2013 | 合并 |
|---|---|---|
| 食品制造及烟草加工业 r5 | 食品制造及烟草加工业 C3 | 食品制造及烟草加工业 c3 |
| 纺织制鞋业 r6 | 纺织业 C4 | 纺织制鞋业 c4 |
| | 服装皮革羽绒及制品业 C5 | |
| 木材加工及家具制造业 r7 | 木材加工及家具制造业 C6 | 木材加工及家具制造业 C5 |
| 造纸业 r8 | 造纸印刷业 C7 | 造纸印刷业 C6 |
| 印刷业和传播业 r9 | | |
| 石油加工、核燃料加工业 r10 | 石油加工、核燃料加工业 C8 | 石油加工、核燃料加工业 C7 |
| 化学与化工业 r11 | 化工和化学制品 C9 | 化工和化学制品 C8 |
| 医药产品和药物制备业 r12 | | |
| 橡胶与塑料制品 r13 | 橡胶与塑料制品 C10 | 橡胶与塑料制品 C9 |
| 非金属矿物制品业 r14 | 非金属矿物制品业 C11 | 非金属矿物制品业 C10 |
| 金属制造业 r15 | 金属冶炼及压延加工业 C12 | 金属冶炼及压延加工业 C11 |
| 冶金制品业 r16 | | |
| 电脑、电子和光学设备制造业 r17 | 电气和光学设备制造业 C14 | 电气和光学设备制造业 C12 |

续表

| WIOD 2016 | WIOD 2013 | 合并 |
|---|---|---|
| 电气设备制造业 r18 | | |
| 未另分类的机械制造业 r19 | 未另分类的机械制造业 C13 | 未另分类的机械制造业 C13 |
| 机动车辆、挂车和半挂车制造业 r20 | 交通运输设备制造业 C15 | 交通运输设备制造业 C14 |
| 其他交通设备制造业 r21 | | |
| 家具制造业 r22 | 其他制造业 C16 | 其他制造业 C15 |
| 机械设备安装维修业 r23 | | |

资料来源：根据 2013 版和 2016 版世界投入产出数据库（WIOD）整理。

## 第三节　从嵌入全球价值链到主导区域价值链的经济可行性

### 一　中国制造业由嵌入 GVCs 向主导 RVCs 转换的条件

如前文所述，距离是影响 RVCs 形成的关键要素，中国天然地与"一带一路"沿线国家邻近，具备了这一自然条件。而且，经过数十年的积累，中国外汇储备已近四万亿美元，也拥有了"走出去"所需的资金基础。但是 RVCs 这一独特的组织形式的产生，首先要求各国或地区的企业在各价值产业环节呈现互补性。如果双方在同一环节竞争过于激烈，结果将是一方被淘汰、取代。因此，中国与"一带一路"沿线国家满足这一互补性，是形成"一带一路" RVCs、完成 GVCs 向 RVCs 转换的前提条件。当一国试图主导一条价值链时，则需要该国产业在价值链内的分工环节具有控制其他环节的核心能力，这种能力在生产者驱动的价值链中表现为研发、生产能力，在采购者驱动的价值链中体现为设计、营销能力（Gereffi，1999）。虽然表现形式不同，但核心能力均对应着价值链中的高端环节和高附加值环节（张辉，2006）。在 GVCs 中这些环节长期被欧美日等发达经济体占据，所以中国难以主导 GVCs。在"一带一路"

RVCs 中能否占据这些环节，将成为中国是否能够主导 RVCs 的必要条件。

这一部分从中国与"一带一路"沿线国家制造业的产业互补性和竞争性出发，最终落脚点在中国制造业对"一带一路" RVCs 高端环节的控制能力。制造业因为价值链较长，涉及技术环节较多，且随着国际分工深化到产品内部，这一部门的资源配置与技术发展也产生了重大变化（计志英等，2013），所以对制造业部门进行细分，研究中共选取了 13 个制造业产业。首先根据式（6-3），求得增加值统计口径下的 RCA 指数，考察中国与"一带一路"沿线国家在不同产业间的产业互补性和竞争性。按照日本贸易振兴会提出的 RCA 指数强弱划分标准，当 $RCA < 0.8$ 时，该产业国际竞争力弱；当 $0.8 \leqslant RCA < 1.25$ 时，该产业具有一定的国际竞争力，但不显著；当 $1.25 \leqslant RCA < 2.5$ 时，这一产业国际竞争力较强；当 $RCA \geqslant 2.5$ 时，该产业具有极强的国际竞争力（沈国兵，2007）。综观表 6-2，在这一划分标准下，13 个制造业产业中双边处在同一档次的产业仅有 3 个，更多的产业在国际竞争力方面差别显著。中国国际竞争力较强的产业部门为纺织业，服装皮革羽绒及制品业和电气光学制造业；"一带一路"沿线国家在石油加工、核燃料加工业等资源要素部门优势明显，双方不存在重叠，说明中国与"一带一路"沿线国家的产业竞争性较弱。中国的食品制造及烟草加工业、石油加工、核燃料加工等产业国际竞争力弱，而"一带一路"沿线国家的这些产业均有一定竞争力，在纺织制鞋业、橡胶与塑料制品业、电气和光学设备制造业等中国竞争力较强的产业，"一带一路"沿线国家均处于劣势，展现出双边具有较强的产业互补性。在产业互补中，中国处于优势的产业部门多为机械制造业、电气和光学设备制造业、其他制造业等高技术产业[①]；劣势明显的产业部

---

① 依据《中国高技术产业统计年鉴 2013》，15 个产业中，C8、C12、C13、C14 属于高技术产业。

门主要是石油加工、核燃料加工业等传统产业和资源型产业。双方
这样的产业态势结合"一带一路"倡议的推动作用，既有利于"一
带一路" RVCs 的形成，也体现出中国制造业对 RVCs 高端产业的控
制力，在产业层面具备了从嵌入 GVCs 向主导 RVCs 转换的条件。

表 6-2　2014 年中国 15 个制造业产业 RCA 指数与 RGVCA 指数

| | RCA 指数（增加值） | | | RGVCA 指数（增加值） | | |
|---|---|---|---|---|---|---|
| | 中国 | 沿线国家 | 相除 | 中国 | 沿线国家 | 相除 |
| 食品制造及烟草加工业 C3 | 0.568 | 1.097 | 0.518 | 0.627 | 1.634 | 0.384 |
| 纺织业 C4 | 3.005 | 1.074 | 2.800 | 1.170 | 0.966 | 1.211 |
| 木材加工及家具制造业 C5 | 0.904 | 1.204 | 0.751 | 0.862 | 0.968 | 0.890 |
| 造纸印刷业 C6 | 0.356 | 0.602 | 0.591 | 0.934 | 1.023 | 0.913 |
| 石油、核燃料加工业 C7 | 0.179 | 2.032 | 0.088 | 1.053 | 1.012 | 1.041 |
| 化工和化学制品 C8 | 0.686 | 0.971 | 0.706 | 1.091 | 0.842 | 1.296 |
| 橡胶与塑料制品 C9 | 1.427 | 0.720 | 1.984 | 0.865 | 1.026 | 0.843 |
| 非金属矿物制品业 C10 | 1.356 | 0.840 | 1.616 | 0.891 | 0.987 | 0.903 |
| 金属冶炼及压延加工业 C11 | 0.783 | 0.949 | 0.825 | 1.041 | 0.990 | 1.052 |
| 电气和光学设备制造业 C12 | 2.254 | 0.593 | 3.803 | 1.163 | 0.884 | 1.316 |
| 未另分类的机械制造业 C13 | 1.082 | 0.555 | 1.951 | 0.889 | 1.056 | 0.842 |
| 交通运输设备制造业 C14 | 0.692 | 0.479 | 1.445 | 1.146 | 0.701 | 1.635 |
| 其他制造业 C15 | 1.656 | 1.155 | 1.433 | 0.936 | 0.787 | 1.189 |

资料来源：根据 2016 版世界投入产出数据库（WIOD）整理。

表 6-2 中的 *RCA* 指数增加值数据显示，在产业层面中国制造业
具备了主导"一带一路" RVCs 的条件。但是随着垂直专业化分工
的深入，价值创造的最小单元已经由产品深入产品内部的各环节、
各工序。在传统产业中也存在技术先进、附加值高的高端环节，在
高技术产业内同样有技术要求低、利润微薄的低端环节。占据价值
链中的高端环节与高附加值环节逐渐成为主导价值链的必要条件。
所以，本章将深入产业内部，讨论中国与"一带一路"沿线国家在
产品战略、研发、设计制造、流通销售和售后服务等价值创造过程

中的互补性与竞争性。如式（6-3）、式（6-5）所示，表6-2中的 RGVCA 指数将价值链中的各环节统一归纳为高附加值环节与低附加值环节。当 $RGVCA > 1$ 时，代表产业内更多的企业从事高附加值活动；当 $RGVCA < 1$ 时，代表产业内主要的企业处在低附加值环节。按照这一标准考察双边的 RGVCA 指数，可知双边同时位于高附加值环节的产业有1个，共同处在低附加值环节的产业有5个，分别处于高附加值环节和低附加值环节的产业为8个，可见中国和"一带一路"沿线国家的企业如果组成 RVCs，在产业内的互补性也将大于竞争性。在形成互补的8个产业内部，中国有5个产业处于高附加值环节，这说明在"一带一路" RVCs 内，中国制造业将更多地从事价值链的高端环节，具备了主导"一带一路" RVCs 的必要条件。

## 二 从嵌入 GVCs 到主导 RVCs 对中国制造业升级的影响

### （一）价值链转换对中国制造业实际贸易利得的影响

根据前文增加值分解方法以及计算贸易增加值净值的式（6-6）、式（6-7），测算得到在出口额口径与增加值口径下中国制造业的贸易利得。如图6-2所示，两种统计口径在整体趋势上保持一致，2001—2008年，随着中国加入 WTO，嵌入 GVCs 的程度不断加深，中国制造业的贸易利得逐年攀升；国际金融危机后，随着世界有效需求的减少，制造业净出口额（序列1）与贸易增加值净值（序列2）都大幅下降，至2013年才恢复至危机前的水平。但是，通过比较序列1与序列2，不难发现，2008年以前，序列1大于序列2，净出口额"含金量"较低。在这以后，序列2超过序列1，净出口额中蕴含的价值逐渐提升。净出口额"含金量"的不断提高，表明中国制造业在价值链中的分工正由组装、加工等低附加值环节向生产、设计、研发、销售等高附加值环节转换。为探寻这一转换是源于欧美日主导的 GVCs，还是源于"一带一路"沿线国家组成的 RVCs，本章将对图6-2中的数据解构，分别讨论以上各国对中国制造业贸易增加值净值的贡献度。

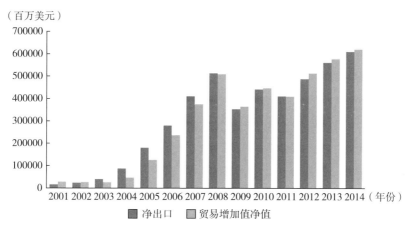

**图 6-2　2001—2014 年中国制造业净出口额与贸易增加值净值趋势**

资料来源：根据 2016 版世界投入产出数据库（WIOD）整理。

　　如表 6-3 所示，在中美贸易和中日贸易中，当制造业净出口额转换为贸易增加值净值后，中国制造业实际贸易获利下降幅度巨大，其中对美贸易各年份均超过 20%，对日常年超过 100%。不同的是，在对美贸易中，即使统计口径转换后，也能为中国带来大量贸易利得，且保持了逐年上升的趋势。在对日贸易中，贸易增加值净值始终为负，即便在 2001 年和 2009 年呈现贸易顺差的年份，一旦统计口径发生改变，增加值净值将变为逆差。在中国与西欧四国的贸易中，贸易利得持续上升，两种统计口径下的差别较小。总体看来，中国制造业在欧美日等发达经济体主导的 GVCs 中"净出口"含金量较低，更多地从事低附加值活动。大量制造业代工企业以成本优势嵌入 GVCs，在经济总量大幅增长的同时人均收入、技术水平进展缓慢，难以完成产业升级、占据 GVCs 的高附加值环节，部分学者将这种增长方式称为"悲惨增长"（卓越和张珉，2008）。而且，被"夸大"的贸易顺差还使中国的出口企业频繁受到欧美国家贸易壁垒的影响，这对企业的长期发展与贸易利得的稳定增长都将构成威胁。传统的贸易统计口径失真与中国在 GVCs 中缺乏"话语权"是贸易壁垒形成的重要因素。

表6—3 两种统计口径下2001—2014年中国制造业对各国贸易利得情况

| 年份 | 贸易增加值净值 | | | | | 净出口 | | | | |
|---|---|---|---|---|---|---|---|---|---|---|
| | 美国 | 日本 | 西欧 | 14国 | ROW | 美国 | 日本 | 西欧 | 14国 | ROW |
| 2001 | 40496.37 | -6404.91 | 2237.556 | 4022.84 | 2974.644 | 49415.49 | -3818.51 | -10.15 | 2763.63 | -4357.64 |
| 2002 | 51249.98 | -13247.3 | 1708.012 | 6259.363 | 1139.641 | 64036.72 | -9979.36 | -211.933 | 5207.451 | -8108.45 |
| 2003 | 63123.04 | -20670 | 2597.254 | 10923.45 | -2524.11 | 84146.07 | -14643.1 | 2395.723 | 10555.99 | -12522.7 |
| 2004 | 83046.65 | -27826.9 | 6770.036 | 15794.4 | -513.536 | 155955.6 | -17816.4 | 8530.917 | 16347.92 | -8271.64 |
| 2005 | 110874.2 | -22202.8 | 19038.71 | 27833.24 | 16460.82 | 151637.3 | -10714.1 | 21400.92 | 28715.62 | 7878.348 |
| 2006 | 133985.1 | -24763.7 | 27904.7 | 27904.7 | 49061.99 | 1882271.1 | -13726.8 | 29336.3 | 51226.21 | 46288.72 |
| 2007 | 157872.4 | -27402.9 | 54485.73 | 81794.72 | 82842.33 | 211641.4 | -17369.9 | 53836.32 | 85421.66 | 81156.58 |
| 2008 | 173151.4 | -27657.5 | 65228.98 | 121387.2 | 137805.8 | 220619.6 | -20494.3 | 59170.37 | 122907.6 | 132650.4 |
| 2009 | 149060.9 | -21766.3 | 50392.11 | 105289.6 | 96394.38 | 184497.5 | -16805.9 | 43396.98 | 100566 | 93782.8 |
| 2010 | 182916.9 | -39853.1 | 65964.05 | 143725.6 | 114380.7 | 231633.6 | -32644.6 | 54270.25 | 142905.6 | 113305.7 |
| 2011 | 194153.1 | -32532.1 | 72604.2 | 181217.6 | 120847.3 | 248306 | -22779.7 | 54801.36 | 181726.2 | 130865.6 |
| 2012 | 211416.6 | -15606.8 | 72874.8 | 209089.6 | 141963 | 287554.1 | -12898.2 | 59733.5 | 208985.1 | 147878.1 |
| 2013 | 243747.5 | -7913.1 | 77629.6 | 255400.7 | 145571.2 | 325317.3 | -5905.3 | 68096.2 | 252872 | 158229.6 |
| 2014 | 267688.2 | -9668.7 | 90554.3 | 277559.9 | 178878.6 | 351504.1 | -6668.1 | 83077.3 | 275630.5 | 188293.2 |

注：西欧代表G8集团中的德国、英国、法国和意大利；14国代表WIOD中包含的14个"一带一路"沿线国家；ROW代表WIOD统计的43个经济体以外的其他国家。

资料来源：根据2016版世界投入产出数据库（WIOD）整理。

在中国制造业与 14 国、ROW 的贸易往来中，贸易增加值净值始终大于净出口额，表明中国制造业在"一带一路"沿线国家组成的 RVCs 中位于高附加值环节。其中，对 14 国的贸易利得还保持了稳定的上升趋势，在国际金融危机时略有下降后迅速超过了危机前的水平；对 ROW 的贸易利得所受影响较大，至 2013 年尚未恢复到危机前的水平。结合中国制造业对 14 国与 ROW 贸易的表现，可以发现中国在与"一带一路"沿线国家组成的制造业 RVCs 中，更有机会接触到 GVCs 中难以涉及的高附加值环节，提升对价值链的影响力，甚至主导"一带一路"RVCs 的发展。

（二）价值链转换后中国制造业分工环节的变化

在测算出中国制造业对各国的实际贸易利得后，本章根据式（6-8）所示的 Koopman 位置指数，分别刻画中国制造业在 GVCs 中以及"一带一路"沿线国家组成的 RVCs 内所处位置，用来反映转换价值链是否有利于中国制造业从事价值链中的高端环节。图 6-3 为表 6-3 中各国制造业在 GVCs 中所处位置，俄罗斯作为"世界加油站"负责原料提供，位于 GVCs 的最前端。美国、日本和西欧牢牢控制了 GVCs 中的研发、设计环节，处在 GVCs 的上游。而中国制造业位于 GVCs 的中游，更多地从事生产、制造、组装、加工环节，被定位为"世界工厂"，难以接触到价值链中的高端环节。而且，根据施振荣提出的"微笑曲线"理论，价值链的高利润环节位于两端，中游往往对应着低附加值领域。图 6-4 描绘的是中国制造业与"一带一路"沿线国家的价值链分工。在这一 RVCs 中，中国制造业跻身到价值链上游，Koopman 位置指数由负数提升至 0.04，与图 6-3 中日本、英国和德国的位置指数相当。可以预期，中国若与"一带一路"沿线国家组成 RVCs 后，将扮演 GVCs 中欧美日等的角色，获得从事价值链中高端环节的机会，这有利于中国制造业转型升级和创新能力的提高。

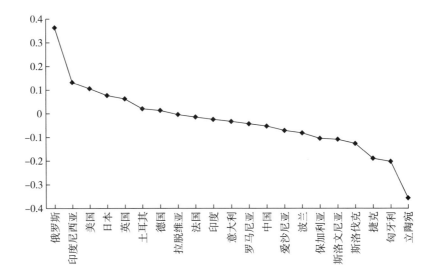

**图 6-3  GVCs 制造业 2014 年 Koopman 位置**

资料来源：根据 2016 版世界投入产出数据库（WIOD）整理。

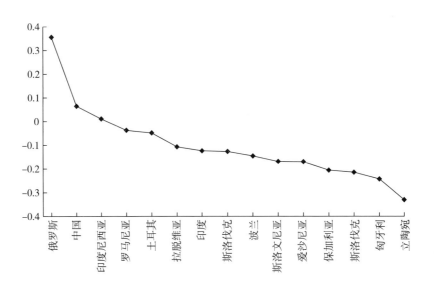

**图 6-4  RVCs 制造业 2014 年 Koopman 位置**

资料来源：根据 2016 版世界投入产出数据库（WIOD）整理。

# 第四节　本章小结

本章从中国制造业由嵌入 GVCs 转为主导"一带一路"RVCs 所需条件和所受影响这两方面，实证分析了"一带一路"倡议在经济方面的可行性问题，并得出以下结论。

第一，中国制造业具备主导"一带一路"RVCs 的条件。中国与"一带一路"沿线国家在制造业产业间和产业内部互补性强，而竞争性弱，拥有形成 RVCs 的先决条件。在双边形成的产业互补关系中，我国占据了产业内的高附加值环节，具有控制整条价值链的核心能力，这构成了中国主导"一带一路"RVCs 的必要条件。产业互补关系的存在以及核心能力的掌握，使中国制造业具备主导"一带一路"RVCs 的条件。

第二，"一带一路"倡议的实施有利于中国制造业实际贸易利益的提高。在欧美日主导的 GVCs 中，中国制造业对日、对美贸易的净出口额大于贸易增加值净值，"含金量"较低，贸易顺差大于实际贸易利得；在"一带一路"RVCs 中，中国制造业对沿线国家贸易净出口额小于贸易增加值净值，即通过发展"一带一路"倡议，推动与这些国家的贸易往来，能使中国制造业的实际贸易利得大于贸易顺差。在获利增加的同时，较低的净出口额也将减少贸易壁垒对中国制造业的影响。

第三，"一带一路"倡议有利于推动中国制造业向价值链高端环节发展。完成产业转型升级，推进高端制造业"走出去"，实现从"制造大国"向"制造强国"的转变是"中国制造 2025"的核心内容，也是当前和未来中国经济改革亟待解决的问题。在欧美日主导的 GVCs 中，中国制造业仍然处于价值链的中低端环节，高技术产业与产业内高端环节牢牢地被发达国家掌控，缺乏发展空间；在"一带一路"RVCs 中，中国将扮演欧美国家在 GVCs 中的角色，更多地承担价值链中的高附加值环节。"一带一路"倡议的实施对于破解经济转型升级难题，推动中国制造业向中高端发展将起到重要的促进作用。

上述结论显示中国制造业已经具备了转换价值链的条件，而且在"一带一路"倡议的推动下由 GVCs 转化至 RVCs 不仅有利于实际贸易利得提高，而且对我国制造业企业由价值链低端环节向高端环节的迈进具有积极影响。在"一带一路"框架下构建 RVCs 要着力发挥我国制造业的相对技术优势，践行"大众创业、万众创新"，走中高端化发展道路。同时，有效利用中小企业发展基金培育创新环境，使企业不因短暂的眼前利益和严峻的生存压力而放弃转型升级的机会，重回低端发展的老路。最后，应认清 GVCs 中欧美日等在技术上仍保持着绝对领先，我国短时间内难以超越，但通过 BIT 协定更多地引进吸收其先进技术，有助于巩固我国制造业在 RVCs 中的地位。

# 第七章 国内市场规模与产业链的
# 国际循环现代化

外部环境不确定性加剧，市场和资源"两头在外"的发展方式已经影响到我国产业链稳定和现代化，国内超大规模市场优势能否提升我国产业链现代化受到广泛关注。本章首先比较 RCEP 内部市场规模更大和技术更先进国家产业链的国际循环现代化水平，提出技术水平相对落后的国家可以凭借国内超大规模市场优势提升产业链的国际循环现代化假设；其次，分析了国内市场规模对一国产业链国际循环现代化的影响，探索 RCEP 区域价值链和 G7 集团主导的 GVCs 中释放内需潜力、扩大国内市场规模能否显著提升本国产业链的国际循环现代化；最后，探索提升市场势力与增强产品国际竞争力是否为发挥国内超大规模市场优势实现国际循环现代化的机制。

## 第一节 国内市场对价值链升级的意义

有关内需对产业链稳定性和现代化水平的提升作用在《资本论》中已有论述，马克思将消费视为再生产环节的起点，"禁欲不是发展生产力的条件"，消费提供生产的目的和动机。这一思想体现了内需消费对产业链供给的牵引作用（洪银兴和杨玉珍，2021）。与重点关注供给、被动消化过剩产能的凯恩斯需求管理短期刺激政策相比，以扩大内需为战略基点的"需求侧改革"主张通过初次分配、再次分配和需求结构的改革扩大有效需求规模，持续稳定地利用国民经济循环中的产能，服务高质量发展（苏剑，2017；刘志彪，2021）。

内需在持续服务国内大循环运转的同时，也对产业链的国际循环稳定构成重要支撑。新贸易理论将发达国家之间国际贸易的基础阐释为处理国内需求多样性与企业追求规模经济而专业化生产之间的两难冲突（Dixit and Stiglitz，1977；Krugman，1979）。Linder 等（1961）从国内需求的角度分析规模经济对国际贸易产生和产业链国际循环的影响，即国际贸易是国内贸易的延伸，企业应该围绕国内"具有代表性需求"的产品组织大规模生产、出口，而不是生产本国不存在大量需求的产品。本国产业链在满足国内市场需求时已经积累了足够的经验、技术，可以安全稳定、自主可控参与有相似需求的国际循环。张辉等（2021）认为，鉴于中国的生产、消费和贸易规模已经远超相同人均 GDP 时期的日本、韩国和欧美国家，中国产业链的国际循环比较优势已经从低成本要素转变为规模化经济，国内超大规模市场优势能够从深化分工、提升产业高度等方面提升中国产业链的国际循环稳定性和现代化水平。上述新贸易理论强调的规模经济没有深入产品内部 GVCs 分工和任务贸易（Grossman and Hansberg，2008），也就无法呈现国内市场规模能够强化价值链、产业链的国际循环中哪些薄弱环节的韧性，以及 GVCs 视角下提升产业链国内循环现代化的相关因素。

GVCs 视角下价值链韧性研究比较各类 GVCs 的韧性，关注强化GVCs 韧性的因素。GVCs 治理理论介绍了依靠技术优势主导 GVCs的生产者驱动型（Gereffi and Korzeniewicz，1994）和凭借市场势力控制 GVCs 的消费者驱动型（Gereffi，1999）。与上述 GVCs 链主相对其他参与方具有非对称优势的"二元驱动"治理方式相比，通过供求双方反复、常年交易，互换隐性知识后形成的关系型价值链（Relational Value Chains）各环节之间保持着一种相互依存的关系，用新的合作方替换关系型价值链中原有环节的成本极高（Gereffi et al.，2005）。因此，关系型价值链相对于"二元驱动"型价值链韧性更强，具体表现为 GVCs 存续年限与贸易额之间的正相关关系（Monarch and Schmidt-Eisenlohr，2017）。对于形成关系型价值链这一高韧性 GVCs 的条件，部分学者强调产品的特殊性以及契约的密集性和复杂性（Monarch，2018）；部分研究关注 GVCs 参与各方反复互动形成的良好声誉和隐性知识（Macchiavello and Morjaria，2015）。Antràs 和 Chor（2021）认为，无论是交易、技术编码的复杂性，还是参与各方反复互动的可能性，都与一国市场规模能够容纳的潜在供应方与需求方数量有关，市场规模对于韧性更强的关系型价值链形成至关重要。中国具有国内超大规模市场优势，近年来在发达国家价值链环流（洪俊杰和商辉，2019）中却频繁遭遇制裁打压，中国产业链的国际循环现代化受到考验；在共建共商共享的"一带一路"倡议、RCEP 等区域性价值链环流中，中国与其他经济体的经贸往来越发密切。来自 2021 年第一季度海关总署的数据显示，东盟继续稳居我国第一大贸易伙伴，我国对"一带一路"沿线国家、RCEP 贸易伙伴的进出口分别增长 21.4%、22.9%。本章试图通过分析国内市场规模与产业链国际循环现代化之间的关系，论证立足国内超大规模市场是不是 RCEP 区域价值链现代化持续提升的关键原因。

本章立足国内市场这一战略基点，试图在以下几个方面做出拓展：（1）在提升产业链现代化的路径方面，通过供给侧改革实现产业链现代化，进而提升产业链现代化是以往研究应对脱钩、断供等"卡脖子"现象的惯用思路；本章从需求侧探索当前技术水平下国内超大规模市场优势能否成为中国企业参与国际竞争的新优势。比较 RCEP 区域价值链内各经济体的技术水平和产业链韧性，我们发现技术水平相对落后的国家，可以凭借国内超大规模市场优势，打造现代化水平更高的产业链国际循环。相反，以满足国外需求为导向、内需不振的经济体，产业链面临脱钩、断供的风险更高。（2）在研究视角上，不仅分析了国内市场规模对产业链现代化的影响，而且梳理、论证了从国内市场需求到国际市场供给再到产业链的国际循环现代化这一逆向 GVCs 升级思路的可行性。我们发现，通过释放中国内需潜力，将提高国际市场对中国的供给规模和依赖程度，进而形成以中国市场为中心的产业链网络，为以国内大循环为主体、国内国际循环相互促进的新发展格局提供了全新解读。

# 第二节  衡量本国市场重要程度的中心度核算方法

其他国家从一国最终产品消费中获得的增加值能够体现该国内需与 GVCs 的对接过程以及其他国家对该国市场的依赖程度，衡量这一指标需要采用假设提取法（Los et al.，2016；Los and Timmer，2018）和增加值分解框架。测算和比较 RCEP 区域价值链中各经济体产业链的国际循环现代化时，本章借鉴洪俊杰和商辉（2019）、吕越和尉亚宁（2020）采用 PageRank 中心度算法衡量国际贸易网络中各节点的重要程度、贸易伙伴数量、质量等网络特征。

## 一  内需引致国际市场供给的增加值分析框架

为了测算其他国家满足一国最终产品消费获得的增加值，首先需要明确各国最终产品 $Y_i$ 包含的增加值归属。Koopman 等（2014）、王直等（2015）提出并完善增加值分解框架，以式（7-1）的形式呈现了各国最终产品 $Y_i$ 包含的增加值在国内和国外的分配情况。式（7-1）中，$V$ 为增加值系数矩阵，其中的元素 $v_i$ 代表 $i$ 国单位产出中包含的增加值；$B$ 是著名的列昂惕夫逆矩阵，元素 $b_{ij}$ 代表每增加一单位的最终产品 $Y_i$ 直接和间接消耗的 $i$ 国产品。下标代表经济体，下标中的左标代表产品的提供方、出口方，右标代表产品的消耗方、进口方。

$$VBY = \begin{bmatrix} V_1 B_{11} Y_1 & V_1 B_{12} Y_2 & V_1 B_{13} Y_3 \\ V_2 B_{21} Y_1 & V_2 B_{22} Y_2 & V_2 B_{23} Y_3 \\ V_3 B_{31} Y_1 & V_3 B_{32} Y_2 & V_3 B_{33} Y_3 \end{bmatrix} \tag{7-1}$$

如式（7-2）、式（7-3）所示，国家 2 从本国最终产品获得增加值（$DV_2$）和从其他国家最终产品获得的增加值（$FV_2$）之和构成国家 2 的 $GDP_2$。

$$DV_2 = V_2 B_{22} Y_2 \quad FV_2 = V_2 B_{21} Y_1 + V_2 B_{23} Y_3 \tag{7-2}$$

$$GDP_2 = DV_2 + FV_2 = V_2 B_{21} Y_1 + V_2 B_{22} Y_2 + V_2 B_{23} Y_3 \tag{7-3}$$

为了测算国家 2 从国家 1 消费的最终产品 $Y_{i1}$ 中获得的增加值，Los 等（2016）假设国家 1 不再有最终产品消费（$Y_{i1} = 0$），并计算此时的 $GDP_2'$。根据国家 2 的实际 $GDP_2$ 和假设条件下的 $GDP_2'$ 之间的差值 $FVA_{21}$，即可得到国家 2 从国家 1 消费的最终产品 $Y_{i1}$ 中获得的增加值。因为假设国家 1 不再有最终产品消费，并与 GDP 实际值进行比较，所以这一方法被命名为假设提取法。式（7-4）呈现了在假设条件下，各国最终产品中增加值的分配情况。式（7-5）和式（7-6）为据此求得假设情况下国家 2 和国家 3 的假设 GDP。

$$VBY' = \begin{bmatrix} V_1 B_{11} (Y_1 - Y_{11}) & V_1 B_{12} (Y_2 - Y_{21}) & V_1 B_{13} (Y_3 - Y_{31}) \\ V_2 B_{21} (Y_1 - Y_{11}) & V_2 B_{22} (Y_2 - Y_{21}) & V_2 B_{23} (Y_3 - Y_{31}) \\ V_3 B_{31} (Y_1 - Y_{11}) & V_3 B_{32} (Y_2 - Y_{21}) & V_3 B_{33} (Y_3 - Y_{31}) \end{bmatrix} \tag{7-4}$$

$$GDP_2' = V_2 B_{21} (Y_1 - Y_{11}) + V_2 B_{22} (Y_2 - Y_{21}) + V_2 B_{23} (Y_3 - Y_{31}) \tag{7-5}$$

$$GDP_3' = V_3 B_{31} (Y_1 - Y_{11}) + V_3 B_{32} (Y_2 - Y_{21}) + V_3 B_{33} (Y_3 - Y_{31}) \tag{7-6}$$

通过假设提取，可以分别得到国家 2 和国家 3 从国家 1 的最终产品消费中获得的增加值 $FVA_{21}$ 和 $FVA_{31}$。

$$FVA_{21} = GDP_2 - GDP_2' = V_2 B_{21} Y_{11} + V_2 B_{22} Y_{21} + V_2 B_{23} Y_{31} \tag{7-7}$$

$$FVA_{31} = GDP_3 - GDP_3' = V_3 B_{31} Y_{11} + V_3 B_{32} Y_{21} + V_3 B_{33} Y_{31} \tag{7-8}$$

**二 PageRank 中心度算法**

PageRank 中心度即谷歌网页排名算法，是谷歌建立搜索引擎时采用的分析算法，用于评价网站的好坏和重要程度。这一方法在链接数量方面假设一个网站接收到其他网站的链接越多，该网站越重要；在链接质量方面假设一个网站被评价越好、质量越高的网站链接，则该网站越重要（Page et al.，1999）。贸易网络结构与互联网结构都可以使用图结构（Graph Structure）进行描述，因此算法的应用具有内在合理性。通过将互联网中链接数量、质量等概念与贸易网络、GVCs 中贸易伙伴数量、贸易额和增加值大小进行类比，PageRank 中心度算法在国际经济学中得到广泛应用（洪俊杰和商辉，2019；吕越和尉亚宁，2020）。贸易网络中重要程度高的经济体贸易伙伴众多，当发生贸易摩擦、意外灾害引发的脱钩、断链后能够迅速激活其他贸易伙伴组成的备用链接，维持产业链国际循环的正常运行；另一方面，贸易伙伴质量的提升，有助于发挥专业化经济和规模经济，降低贸易网络和价值链条运行的成本。因此，本章在衡量产业链的国际循环现代化时也采用这一方法，即经过 PageRank 中心度算法计算后排名越靠前的经济体，在贸易网络中的重要程度越高，对抗脱钩、断供等风险的能力也越强。

在 GVCs 或区域价值链中，每个参与的经济体构成贸易网络和价值网络中的一个节点，记作 $k_i$。GVCs 或区域价值链内全部经济体构成贸易网络的节点集合，记作 $K = \{k_1,\ k_2,\ \cdots,\ k_n\}$，其中，$k_i \in K$，$i = 1,\ 2,\ \cdots,\ N$。贸易网络中贸易伙伴的贸易量大于 0，则认为两成员国间存在边，贸易网络间边的集合，记作 $S = \{s_1,\ s_2,\ \cdots,\ s_n\} \subseteq S \times S$，其中，$(k_i,\ k_j) \in S$ 表示国家 $k_i$ 向国家 $k_j$ 存在出口关系，$w(k_i,\ k_j)$ 表示有向边$(k_i,\ k_j)$的权重。与洪俊杰和商辉（2019）将出口额直接作为权重的做法不同，这里我们采取的是将贸易伙伴间贸易量占贸易网络结构中贸易总量的比率作为权重，这样才能更好地刻画贸易网络中各国贸易伙伴的质量，进而适应多个贸易网络、多种类型价值链的 PageRank 中心度的计算与比较。同时，针对 PageRank 中心度算法在考察权重与出入强度方面存在的缺陷，本章利用 JP-Degree 中心度修正法对 PageRank 中心度进行修正，提出了更加适合于贸易网络的有向加权结构的 J-PageRank 中心度。根据 PageRank

的经典算法，国家 $k_i$ 的中心度 $PR$（$k_i$）的计算公式为：

$$PR(k_i) = \sum_{k_i \in M(k_i)} \frac{PR(k)}{L(k)} \qquad (7-9)$$

其中，$M$（$k_i$）表示贸易网络内国家集合 $K$ 指向国家 $k_i$ 的数量，代表 $k_i$ 的进口来源国数量，即节点 $k_i$ 的入度；$L$（$k$）表示节点 $k_i$ 指向节点集 $K$ 中其他节点的数量，表示贸易网络中国家 $k_i$ 的出口目的地的数量。并且，假设 $k_i$ 的中心度 $PR$（$k_i$）在 $t=0$ 时按照均匀分布赋予初始值如式（7-10）所示，$N$ 为贸易网络内国家总数。

$$PR_{t=0}(k_i) = \frac{1}{N} \qquad (7-10)$$

为解决贸易网络结构中可能存在的特殊有向网络如悬挂节点或环状有向网络在计算时无法收敛的问题，通常会采用 $d \in$（0，1）的概率对超链接矩阵进行缩减。本章设置 $d=0.85$。在迭代计算过程中将 $t$ 赋值为 $t+1$，计算公式如式（7-11）所示：

$$PR_{t=t+1}(k_i) = \frac{1-d}{N} + d \sum_{k_j \in M(k_j)} \frac{PR_{t=t}(k_j)}{L(k_j)} \qquad (7-11)$$

在使用矩阵幂迭代方法计算时，记 $R$（$t$）=（$PR_t$（$v_1$），$PR_t$（$v_2$），$\cdots$，$PR_t$（$v_N$））$^T$ 为贸易网络结构的 PageRank 中心值向量，则上述迭代过程可以表述为式（7-12）。其中 $I$=（1，1，$\cdots$，1）$^T$，$HP$ 为贸易网络结构的改进超链接矩阵，如式（7-13）所示。

$$R(t+1) = \frac{1-d}{N}I + d \times HP \times R(t) \qquad (7-12)$$

$$HP = \left\{ \begin{matrix} \ell(k_1,\ k_1) & \ell(k_1,\ k_2) & \cdots & \ell(k_1,\ k_N) \\ \ell(k_2,\ k_1) & \ell(k_2,\ k_2) & \cdots & \ell(k_2,\ k_N) \\ \vdots & \vdots & \ddots & \vdots \\ \ell(k_N,\ k_1) & \ell(k_N,\ k_2) & \cdots & \ell(k_N,\ k_N) \end{matrix} \right\} \qquad (7-13)$$

本章改进超链接矩阵 $HP$ 中的元素，采用两节点间权重 $w$（$k_i$，$k_j$）进行定义，$HP$ 中的元素可以表示为：

$$\ell'(k_i,\ k_j) = \begin{cases} w(k_i,\ k_j), & L(k_i)>0 \text{ 且存在 } i \text{ 指向 } j \text{ 的边} \\ 0, & L(k_i)>0 \text{ 且不存在 } i \text{ 指向 } j \text{ 的边} \\ 1/N, & L(k_i)=0 \end{cases} \quad (7-14)$$

基于 PageRank 中心度在考察权重与出入强度方面存在的缺陷，我们利用赵构恒等（2020）提出的 JP-Degree 中心度算法，在原有的 PageRank 测度出的中心度的基础上，加入对网络节点连边的权重、连边个数及连边的方向来衡量节点贸易国家在贸易网络中的重要程度。在贸易网络中，国家节点的相邻节点越多意味着这一国家可能被包含于更多局部结构中，且边的平均权重越高意味着节点国家在网络中有更高的概率掌握更多的贸易资源、市场势力。加权网络中综合考虑权重和相邻节点个数节点强度的中心度计算公式，如式（7-15）所示。

$$S(k_i) = g_{k_i} \times (s_{k_i}/g_{k_i})^{\alpha} \quad (7-15)$$

其中，$s_{k_i}$ 为与节点 $k_i$ 相连接的边的权重之和，即 $s_{k_i} = \sum w(k_i,\ k_j)$，$g_{k_i}$ 为 $k_i$ 相邻节点的个数，$\alpha$ 代表对权重和相邻节点个数的侧重程度。赵构恒等（2020）在此基础上区分了节点的不同入强度与出强度对节点在网络结构中重要性的影响，提出了改进的 JP-Degree 中心度计算公式：

$$JP(k_i) = \sqrt[3]{S_{out}(k_i) \times S_{in}(k_i) \times \frac{1}{2}\left[S_{out}(k_i) + S_{in}(k_i)\right]} \quad (7-16)$$

其中，$S_{in}(k_i)$ 代表节点 $k_i$ 的考虑入强度的中心度，$S_{out}(k_i)$ 代表节点 $k_i$ 的考虑出强度的中心度。最终我们将 PageRank 中心度与 JP-Degree 中心度相结合，得到 J-PageRank 中心度计算公式，如式（7-17）所示。

$$JPR(k_i) = \frac{1-d}{N} + d\sum_{k_i \in M(k_i)} \frac{PR_{t=t}(k_j)}{L(k_j)} +$$
$$\sqrt[3]{S_{out}(k_i) \times S_{in}(k_i) \times \frac{1}{2}\left[S_{out}(k_i) + S_{in}(k_i)\right]} \quad (7-17)$$

# 第三节　国内市场与产业链国际
# 循环互动模型构建

## 一　计量模型设定

### （一）基准模型

本章重点分析某一经济体国内市场规模对产业链国际循环现代化的影响效应，以及技术水平是不是决定产业链国际循环现代化的唯一因素。因此，本节建立如下基准回归模型（7-18），检验一个经济体立足国内市场、释放内需潜力能否稳定产业链的国际循环。

$$\ln Center_{ist} = \alpha_0 + \alpha_1 \ln DS_{ist} + \alpha_2 \ln Tech_{ist} + \alpha_3 \ln X_{ist} + \varphi_i + \varphi_s + \varphi_t + \varepsilon_{ist}$$

$$(7-18)$$

基准模型式（7-18）中，$i$ 代表国家，$s$ 代表产业，$t$ 代表时间；被解释变量 $\ln Center_{ist}$ 反映产业链的国际循环现代化，用 $i$ 国 $s$ 产业 $t$ 年 J-PageRank 中心度的对数值表示；核心解释变量 $\ln DS_{ist}$ 代表国内市场规模，用 $i$ 国 $s$ 产业 $t$ 年总投入占选取贸易网络当年所有经济体总投入百分比的对数值表示；$\ln Tech_{ist}$ 代表技术水平，用产品复杂度的对数值表示；$\ln X_{ist}$ 是其他影响产业链国际循环现代化的控制变量；$\varphi_i$、$\varphi_s$ 和 $\varphi_t$ 为经济体、产业和年份固定效应；$\varepsilon_{ist}$ 代表随机扰动项。

### （二）国内市场规模对产业链的国际循环现代化提升机制分析

机制 1：释放内需潜力提升产业链的国际循环现代化

国内市场联通产业链国际循环的机制是本章模型设定中关注的另一个问题。为了论证从国内市场需求到国际市场供给再到产业链的国际循环现代化这一逆向强化 GVCs 韧性、增加国内国际双循环良性互动思路的可行性，本部分通过式（7-19）和式（7-20）检验贸易网络中其他经济体对某一经济体市场的依赖程度增加是不是该经济体国内超大规模市场优势增强产业链国际循环现代化的作用机制。

$$\ln FVA_{ist} = \beta_0 + \beta_1 \ln DS_{ist} + \beta_2 \ln X_{ist} + \varphi_i + \varphi_s + \varphi_t + \varepsilon_{ist} \quad (7\text{--}19)$$

$$\ln Center_{ist} = \gamma_0 + \gamma_1 \ln DS_{ist} \times \ln FVA_{ist} + \gamma_2 \ln DS_{ist} + \gamma_3 \ln Tech_{ist} + \gamma_4 \ln X_{ist} +$$
$$\varphi_i + \varphi_s + \varphi_t + \varepsilon_{ist} \quad (7\text{--}20)$$

在国内市场需求与产业链的国际循环稳定机制模型中，$\ln FVA_{ist}$代表其他国家对$i$国市场的依赖程度，用其他国家从$i$国最终产品消费获得的增加值表示。基于"主场全球化"、GVCs与国内价值链（National Value Chains，NVCs）构成互补关系等观点（刘志彪和凌永辉，2020；盛斌等，2020），本章认为释放内需潜力有利于增强其他国家对$i$国市场的依赖程度。因此，我们预期式（7–19）中系数$\beta_1$符号为正。GVCs发挥着全球经济"稳定器"的作用，本国生产的最终产品的国外附加值率与进口最终产品中本国附加值的上升，将有效平抑关税，缓解贸易摩擦，降低脱钩、断供等危及产业链稳定性的风险事件发生的概率（杨继军和范从来，2015；Blanchard et al.，2016；唐宜红和张鹏杨，2020）。我们预期式（7–20）中内需规模与其他国家对国家$i$市场依赖程度的交互项的系数$\gamma_1$符号为正。

机制2：规模经济效应提升产业链的国际循环现代化

新贸易理论认为，当经济体$i$以国内大循环为主体，以满足内需、扩大内需为主要目标时，可以实现规模经济，降低生产成本（Krugman，1979）。随着生产规模的不断扩张，市场也由国内扩张至国际，国际贸易成为国内贸易的延伸。规模经济效应使$i$国出口与本国收入水平近似的产品时更具竞争力。该产业链的国际循环以国内市场为战略基点，出口与内销渠道的畅通提升了产业链现代化。这一部分通过式（7–21）、式（7–22）检验产品国际竞争力上升是不是该经济体国内超大规模市场优势增强产业链国际循环现代化的作用机制。

$$\ln RVCA_{ist} = \chi_0 + \chi_1 \ln DS_{ist} + \chi_2 \ln X_{ist} + \varphi_i + \varphi_s + \varphi_t + \varepsilon_{ist} \quad (7\text{--}21)$$

$$\ln Center_{ist} = \phi_0 + \phi_1 \ln DS_{ist} \times \ln RVCA_{ist} + \phi_2 \ln DS_{ist} + \phi_3 \ln Tech_{ist} + \phi_4 \ln X_{ist} +$$

$$\varphi_i + \varphi_s + \varphi_t + \varepsilon_{ist} \tag{7-22}$$

在式（7-21）、式（7-22）组成的机制模型中，$\ln RVCA_{ist}$ 代表 $i$ 经济体 $s$ 产业的国际竞争力，用 $i$ 经济体 $s$ 产业的出口国内增加值显示性比较优势指数（Revealed Value-Added Comparative Advantage Index，RVCA）表示。张辉等（2021）认为，中国生产、消费规模巨大，凭借完备的工业体系和产业链条形成的规模化优势正在取代要素成本优势，成为中国的全新比较优势。因此，本章预期国内市场规模扩张有利于产生规模经济、提升产品国际竞争力。式（7-21）中系数 $\chi_1$ 符号为正。基于交易、技术编码的复杂性与 GVCs 的韧性密切相关（Antràs and Chor，2021），本章预期式（7-22）中内需规模与 $i$ 经济体 $s$ 产业国际竞争力的交互项系数 $\phi_1$ 符号为正。

## 二　变量选取

（一）核心被解释变量

J-PageRank 中心度（$\ln Center_{ist}$）是本章的核心被解释变量，在第二部分研究方法中已经重点介绍。

（二）核心解释变量

各经济体—产业的总投入（$\ln DS_{ist}$）是本章的核心解释变量，包含了中间产品投入以及劳动、资本等要素投入，涵盖了国民经济循环的全部规模。

（三）其他变量

1. 显示性出口增加值比较优势指数（$RVCA_{ist}$）

显示性比较优势指数 RCA 是国际贸易中用于衡量产业国际竞争力的经典指标（Balassa，1965）。但是，指标中 $i$ 经济体 $s$ 产业的出口额 $E_{ist}$ 采用产值统计口径，包含了本国出口增加值（$DV_{ist}$）和外国从本国出口获得的增加值（$FV_{ist}$），存在统计幻象（Krugman et al.，1995）。因此，本章采用 $DV_{ist}$ 替换 $E_{ist}$，以体现 $i$ 经济体 $s$ 产业在 GVCs 中的实际竞争力。

$$RCA = \frac{E_{ist}}{\sum_s E_{ist}} / \frac{\sum_i E_{ist}}{\sum_i \sum_s E_{ist}} \Rightarrow RVCA = \frac{DV_{ist}}{\sum_s DV_{ist}} / \frac{\sum_i DV_{ist}}{\sum_i \sum_s DV_{ist}}$$

$$(7-23)$$

2. 产品技术复杂度（Technology Sophisticated Index，TSI）

Hausmann 等（2007）以出口结构评价一个国家的出口产品技术复杂度。出口高技术产业的产品比例越高，则出口产品技术复杂度越高。但是，产品同质化和产业间贸易理论的假设使这一指标的测算结果与产品异质性增强和生产过程碎片化的实际情况出现偏差（倪红福，2017）。

$$TSI_{ist} = \sum_i \frac{E_{ist}/E_{it}}{\sum_i (E_{ist}/E_{it})} M_{it} \qquad (7-24)$$

$$Tech_{ist} = \frac{DV_{ist}/DV_{it}}{\sum_i DV_{ist} / \sum_i DV_{it}} M_{ist} \times IP_{ist} = RVCA_{ist} \times M_{ist} \times IP_{ist}$$

$$(7-25)$$

因此，本章在原有产品技术复杂度指标式（7-24）的基础上做了如下改进。我们基于魏龙和王磊（2017）的产品技术复杂度，提出增加值技术复杂度，用来刻画 GVCs 中各经济体—产业的技术水平。如式（7-25）所示，（1）出口额 $E$ 被替换为本国出口增加值 $DV$ 以适应国际分工从产业间分工到 GVCs 任务贸易的变化；（2）将式（7-24）中的 $i$ 国人均收入 $M_{it}$ 细化至 $i$ 国 $s$ 产业的人均收入 $M_{ist}$；（3）加入引进专利花费 $IP_{ist}$，经济体利用国际循环引进吸收海外技术的能力得以体现。人均收入 $M_{ist}$ 可以理解为 $i$ 国的劳动生产率，反映了经济体依靠国内循环和国内资源实现内生技术进步的能力。$RVCA_{ist}$ 则从国际竞争力角度揭示出经济体联通国内国际两个市场、两种资源的能力。

3. 控制变量

（1）国家的发达程度 $Modern_{ist}$。GVCs 的核心环节通常被发达国家控制，控制上述环节对于主导、治理 GVCs 意义重大（张辉，

2006）。本章在探索产业链的国际循环现代化相关影响因素时也考虑了这一变量，并用人均 GDP 表示。（2）多样化经济 $Diversity_{ist}$。部分学者认为，完备的工业体系、产业多样性以及 GVCs 各环节的自立自强程度有利于提升企业生产率、产业链现代化（刘志彪和张杰，2007）。本章借鉴李金滟和宋德勇（2008）、范剑勇等（2014）的方法，采用 $i$ 国 $s$ 产业以外的其他行业就业集中率与世界 $s$ 产业以外的其他行业就业集中率差值的绝对值，对绝对值求和后再取倒数。（3）实际有效汇率 $Exchange_{it}$。汇率波动不仅直接影响出口产品中包含的增加值，而且能够改变国内企业在进口产品与国内替代品之间的抉择（许家云等，2015）。因此，研究产业链的国际循环现代化需要考虑这一因素，以各国货币兑美元汇率表示。（4）基础设施 $Infra_{it}$。完善的基础设施网络有利于产品、要素在国内大循环内部以及国内循环和国际循环之间的流通，进而提升产业链的现代化。本章用 $i$ 国公路总里程数除以国土面积来衡量。（5）外商直接投资 $FDI_{it}$。外商直接投资具有明显的技术溢出效应，有利于补充、增加产业链中知识技术、人力资本等高级生产要素，进而稳定产业链的国际循环（刘海云和毛海欧，2015）。本章用外商直接净投资额占 GDP 的比重代表 $FDI_{it}$。

### 三　数据

本章衡量产业链的国际循环现代化指标——J-PageRank 中心度来自 UN Comtrade 数据库中 2005—2019 年的进出口数据。假设提取法测算其他国家从本国获得增加值 $FVA_{ist}$ 的数据来自 2018 版本 OECD 投入产出数据库。OECD 投入产出数据库还提供了核心解释变量各经济体—产业的总投入数据、机制分析中显示性出口增加值比较优势指数 $RVCA_{ist}$ 和控制变量中多样化经济指标 $Diversity_{ist}$ 的数据。改进后的产品复杂度 $Tech_{ist}$ 中专利费用、国家收入水平、实际有效汇率、基础设施和外商直接投资数据来自世界银行数据库（World Bank Open Data）。本章主要变量的描述性统计分析如表 7-1 所示。

表 7-1 主要变量的描述性统计分析

| 变量 | 含义 | 观测值 | 均值 | 标准差 | 最小值 | 最大值 |
|---|---|---|---|---|---|---|
| $\ln Center_{ist}$ | 产业链的国际循环现代化 | 3344 | 9.75 | 7.10 | 1.10 | 29.10 |
| $\ln DS_{ist}$ | 国内市场规模 | 3344 | 9.74 | 13.46 | 0.05 | 53.40 |
| $\ln Tech_{ist}$ | 产品复杂度 | 3344 | 1.19 | 3.89 | -10.33 | 5.42 |
| $\ln FVA_{ist}$ | 对本国依赖程度 | 3344 | 9.96 | 9.63 | 0.07 | 36.85 |
| $\ln RVCA_{ist}$ | 产品国际竞争力 | 3344 | 1.25 | 0.84 | 0.07 | 3.04 |
| $\ln Modern_{ist}$ | 国家的发达程度 | 3344 | 9.71 | 1.33 | 6.16 | 11.13 |
| $\ln Diversity_{ist}$ | 多样化经济 | 3344 | 2.96 | 1.66 | 1.28 | 6.68 |
| $\ln Exchange_{it}$ | 实际有效汇率 | 3344 | 2.24 | 3.11 | -0.69 | 9.50 |
| $\ln FDI_{it}$ | 外商直接投资 | 3344 | 3.62 | 4.82 | -3.62 | 26.33 |
| $\ln Infra_{it}$ | 基础设施 | 3344 | 3.79 | 0.87 | 1.18 | 4.93 |

资料来源：根据 UN Comtrade 数据库、OECD 数据库以及世界银行数据库整理得到。

本章收集、测算了 19 个经济体 16 个制造业有关表 7-1 变量的数据。这 19 个经济体可以分为两部分：一部分是 RCEP 中的 13 个经济体，另一部分是 G7 集团内的全部经济体①。RCEP 内的经济体彼此地理邻近、经贸往来密切，是建立在亚太地区的区域价值链（Baldwin and Lopez-Gonzalez，2015；魏龙和王磊，2016）。价值链中既包含日本、韩国、新加坡等人均 GDP 超过 3 万美元的发达经济体，也包括中国、马来西亚等人均 GDP 达到 1 万美元的中等收入国家，还有越南、柬埔寨等凭借廉价劳动力嵌入价值链的低收入国家。RCEP 区域价值链内国内市场规模、资源禀赋和技术水平差异巨大，选取 RCEP 区域价值链有利于明确决定产业链国际循环现代化的关键因素。G7 集团内的经济体涉及亚洲、美洲和欧洲，属于GVCs。7 个国家的人均收入常年保持在 3 万美元以上，控制着 GVCs的高附加值环节、核心环节。中国与这些国家形成 GVCs 需要满足G7 集团内消费者的高端需求。通过分析中国在以国际市场为基点的

---

① RCEP 一共包括 15 个经济体，由于缅甸和老挝的部分数据难以获得，因此，本章仅选取了 RCEP 中的 13 个经济体。另外，需要注意的是日本同时存在于 G7 和 RCEP。

GVCs 中产业链的现代化, 有利于比较以国内大循环为主体的新发展格局和"两头在外, 大进大出"的发展方式下产业链的国际循环现代化。

图 7-1 汇报了 2005—2019 年 RCEP 区域价值链内 13 个经济体的 J-PageRank 中心度。2005 年中国和日本在这一区域价值链中重要程度相当, 两国产业链的国际循环抵御脱钩、断链能力近似。其他经济体, 除韩国外, 中心度均在 10% 以下, 对区域价值链构成的影响较小。此后, 中国的中心度呈现持续上升的趋势, 在 2019 年已经接近 27%; 日本的中心度则一路下滑至 13% 以下; 东盟国家的中心度也有所上升。本章测算的产品复杂度指数显示, 中国高端制造业的技术水平仍落后于日本、新加坡、韩国。这说明中国能够成为 RCEP 中产业链国际循环现代化最高的经济体, 关键因素并不是技术水平全面赶超日本, 在技术外, 还有其他因素决定产业链的国际循环现代化。

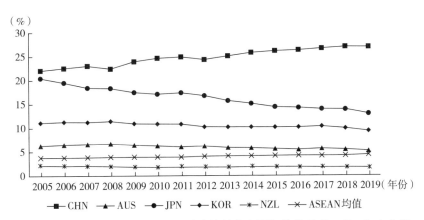

**图 7-1  2005—2019 年 RCEP 区域价值链内主要经济体 J-PageRank 中心度**

资料来源: 根据 UN Comtrade 数据库计算得到。

图 7-2 汇报了中国与欧美日等发达经济体构成的贸易网络 J-PageRank 中心度。这一以 G7 集团市场需求为主体的 GVCs 中美国 J-PageRank 中心度始终保持在 25% 至 30% 的区间, 甚至高于中国在

RCEP 区域价值链中的中心度。数据表明美国在 G7 集团 GVCs 中的重要程度最高,产业链国际循环最稳定。15 年间,图 7-2 中其他经济体的 J-PageRank 中心度处于 5% 至 15% 的区间,在 G7 集团 GVCs 中的重要性远低于美国。尽管中国在 G7 集团 GVCs 的 J-PageRank 中心度从 2005 年 9% 上升至 15%,但是中国在这一价值环流中的现代化和重要程度与中国在 RCEP 区域价值链的表现相比,仍处于 G7 集团 GVCs 中相对边缘的位置,产业链的国际循环遭遇脱钩、断供的风险更高。本章认为,以高收入国家市场需求为主体、缺乏国内市场的支持是中国在 G7 集团 GVCs 中重要程度难以处于枢纽地位、产业链现代化提升缓慢的主要原因,实证分析中将围绕这一判断进行更加严谨的计量分析。

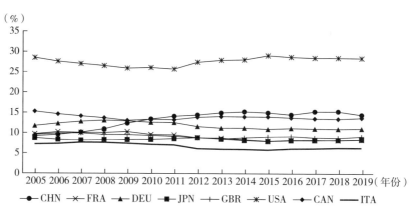

**图 7-2　2005—2019 年中国与 G7 集团形成的贸易网络 J-PageRank 中心度**

资料来源:根据 UN Comtrade 数据库计算得到。

# 第四节　释放内需潜力对产业链
# 现代化的促进作用

## 一　释放内需潜力对产业链现代化的促进效应

表 7-2 汇报了基准模型式(7-9)的回归分析结果。第(1)

列和第（2）列是以 RCEP 区域价值链为研究对象的回归结果。其中，第（1）列的结果说明国内市场规模促进了 RCEP 区域价值链的国际循环现代化，产品技术复杂度在这一价值环流中对产业链现代化的影响并不显著。这一结论印证了图 7-1 分析中在技术外其他关键因素决定产业链现代化的判断。本章认为造成日本、韩国和新加坡等产品技术复杂度领先中国的经济体，其产业链现代化和价值链重要程度弱于中国的主要原因在于：（1）中国市场和东盟市场是 RCEP 区域价值链的主要市场，满足这部分中等收入和低收入经济体需求所需的技术水平相对较低。（2）市场优势帮助中国主导 RCEP 区域价值链。以国内大循环为主体的新发展格局将越来越贴近和关注中国内需，围绕本国市场打造产业链的国内循环和国际循环使中国具有"主场优势"（刘志彪和凌永辉，2020）。随着中国内需潜力的不断释放，区域价值链内其他经济体对中国市场的依赖程度持续上升，强化了中国利用、配置国内、国外资源的能力，提升了产业链现代化。

表 7-2　国内超大规模市场优势对产业链国际循环现代化的影响

|  | RCEP 区域价值链 | | G7 集团全球价值链 | |
|---|---|---|---|---|
|  | （1） | （2） | （3） | （4） |
| $\ln DS_{ist}$ | 0.16*** (12.29) | 0.14*** (10.14) | 0.35*** (14.79) | 0.40*** (7.05) |
| $\ln Tech_{ist}$ | 0.02 (0.27) | 0.01 (0.04) | 0.02*** (3.73) | 0.03*** (5.05) |
| $\ln Modern_{ist}$ |  | 1.75*** (5.42) |  | 1.61 (0.98) |
| $\ln Diversity_{ist}$ |  | 0.44*** (5.48) |  | -0.66 (0.36) |
| $\ln FDI_{it}$ |  | -0.01 (-1.02) |  | 0.03*** (3.48) |

续表

| | RCEP 区域价值链 | | G7 集团全球价值链 | |
| --- | --- | --- | --- | --- |
| | （1） | （2） | （3） | （4） |
| $\ln Exchange_{it}$ | | 3.04*** (8.25) | | 2.13*** (6.70) |
| $\ln Infra_{it}$ | | 0.02*** (3.99) | | 0.01 (0.58) |
| 常数项 | 6.64*** (48.37) | 4.43*** (7.05) | 6.96*** (14.79) | 5.29*** (3.55) |
| $R^2$ | 0.59 | 0.84 | 0.72 | 0.90 |
| 样本量 | 2288 | 2288 | 1408 | 1408 |

注：各变量回归系数下方的括号中数字为系数标准差；***表示在1%的水平下显著。

加入控制变量后，第（2）列的结果显示国际发达程度（ln $Modern_{ist}$）、多样化经济（ln $Diversity_{ist}$）、汇率（ln $Exchange_{it}$）和本国基础设施（ln $Infra_{it}$）均显著提升 J-PageRank 中心度。这说明，通过提升人均收入水平释放内需潜力（彭定赟和王磊，2020），增强产品多样化以畅通国内循环（吕越和邓利静，2020），保持币值坚挺以提升企业效率（许家云等，2015），投资基础设施以强化价值链流通环节（刘斌等，2018）均有利于提升中国在 RCEP 区域价值链中的现代化、重要性。第（2）列控制变量中外商净投资（ln $FDI_{it}$）无法显著影响 J-PageRank 中心度。本章认为，RCEP 区域价值链发展中经济体众多，受国际经贸环境变化的影响，外商净投资波动幅度较大，难以持续改善产业链的国际循环现代化（白玉华，2020）。

表7-2的第（3）列和第（4）列汇报了 G7 集团 GVCs 内部国内市场规模、产品复杂度与 J-PageRank 中心度的关系。第（3）列的回归结果显示，在 G7 集团 GVCs 内国内市场规模和产品复杂度都

有利于提升产业链的国际循环现代化。本章认为，技术水平对 G7 集团 GVCs 现代化至关重要的原因是，G7 集团内的经济体人均收入均超过 3 万美元，满足这部分高端市场的需求需要较高技术水平。新贸易理论解释发达国家之间的产业内贸易时，也有彼此要素禀赋相似、技术水平接近的假设。G7 集团 GVCs 中市场规模最大的是美国，中国产业链的国际循环在满足这类高端需求时既与中国国内的消费水平完全脱钩，缺少国内市场的支持，又在核心环节、关键领域面临"卡脖子"的问题。因此，市场与技术均不支持中国产业链的国际循环成为这一 GVCs 中最重要、最稳定的部分。

第（4）列汇报了加入控制变量后 G7 集团 GVCs 内国内市场规模对产业链国际循环现代化的影响。国内市场规模与产品技术复杂度仍然显著提升一国的产业链现代化。控制变量中仅有外商直接投资与实际有效汇率仍然显著。这与 G7 国家长期以来凭借外资、外汇等金融领域的比较优势参与国际竞争、稳定产业链等现象保持一致（李晓和陈煜，2020）。第（4）列的控制变量中，国家发达程度、多样化经济和基础设施建设等变量均不显著。G7 集团均是发达国家，高度专业化的产业内贸易盛行以及基础设施普遍完善，在上述因素无明显差异的情况下 J-PageRank 中心度差别巨大，说明这些控制变量并不能显著影响产业链的现代化。

## 二　内生性问题的处理

基准回归模型的结果表明，无论是在 RCEP 区域价值链还是 G7 集团 GVCs，通过释放内需潜力、扩大国内市场规模都将显著提升一国产业链的国际循环现代化。但是，国内经济规模与国际贸易之间的密切联系，使上述变量可能存在互为因果、相互作用的内生性问题，即不断提升产业链的国际循环现代化有利于扩大国内市场规模。严重的内生性问题可能导致普通最小二乘估计（OLS）有偏。常用的解决方案是为国内市场规模寻找一个可观测的工具变量。合适的工具变量既需要与核心解释变量相关，又需要保持外生性。

有关国内经济规模工具变量的使用问题，现有文献已经进行了深入研究（Acemoglu et al.，2001；Fisman and Svensson，2007；张学良等，2021）。本章选取新生人口数量（Acemoglu et al.，2001）和年降雨量（刘斌等，2018）作为国内市场规模的工具变量。在相关性方面，新生人口是未来国内消费的主力，且与当前消费的主力适婚、适孕人群数量有关，新生人口数量上升有利于扩大国内市场规模；年降雨量充沛的国家和地区宜居、易商，有利于人口、产业集聚形成规模经济，与国内市场规模相关。同时，在外生性方面，新生人口率与贸易伙伴的数量、质量关系较小，也不能决定各国产业链的现代化和重要程度，可以认为是外生的；年降雨量属于地理、自然环境方面的因素，外生于产业链的国际循环现代化。因此，上述工具变量的选择具备合理性。

表7-3汇报了使用工具变量进行两阶段最小二乘回归的估计结果。第（1）列选取RCEP区域价值链内经济体为研究对象，汇报了产业链的国际循环现代化与核心解释变量国内市场规模的滞后一期的回归结果，变量系数仍然为正且显著。第（2）列为RCEP年新生人口数量与年降雨量为工具变量的产业链现代化与国内市场规模两阶段最小二乘回归结果。第（3）列选取G7集团GVCs为研究对象，报告了产业链的国际循环现代化与核心解释变量国内市场规模的滞后一期的回归结果，变量系数与基准回归中一致且显著。第（4）列为G7集团年新生人口数量与年降雨量为工具变量的产业链现代化与国内市场规模两阶段最小二乘回归结果。第（2）列与第（4）列通过Kleibergen-Paaprk LM统计量和Kleibergen-Paaprk Wald F统计量对工具变量进行了可识别性检验和弱识别检验，以Hansen统计量进行了过度识别检验。检验结果说明工具变量的选取恰当。上述回归结果表明，考虑内生性问题后本章的结论仍然成立，无论是在RCEP区域价值链还是G7集团GVCs，扩大国内市场规模、释放内需潜力均能显著提升产业链的国际循环现代化。

表 7-3　　　　　　　　　　内生性检验的回归结果

| | （1）核心解释变量滞后一期 | （2）IV ln$birth_{it}$ 与 ln$rain_{it}$ | （3）核心解释变量滞后一期 | （4）IV ln$birth_{it}$ 与 ln$rain_{it}$ |
|---|---|---|---|---|
| ln$DS_{ist}$ | | 0.45*** (9.92) | | 0.90*** (6.38) |
| lagln$DS_{ist}$ | 0.14*** (8.61) | | 0.33*** (4.65) | |
| 控制变量 | 控制 | 控制 | 控制 | 控制 |
| Kleibergen-Paaprk LM 统计量 | | 30.41*** | | 36.29*** |
| Kleibergen-Paaprk Wald F 统计量 | | 18.37 \|16.52\| | | 21.20 \|16.78\| |
| Hansen 统计量 | | [0.35] | | [0.27] |
| $R^2$ | 0.89 | 0.93 | 0.88 | 0.91 |

注：各变量回归系数下方的小括号中数字为系数标准差；***表示在1%的水平下显著。[ ]内为伴随概率；\| \|内为Stock-Yogo检验10%水平的临界值。

### 三　机制检验

基准回归模型论证了中国制造业技术水平在相对日本处于劣势的情况下，依然可以凭借国内超大规模市场这一比较优势在RCEP区域价值链内处于核心枢纽地位，提升产业链的国际循环现代化。本部分试图梳理国内市场影响国际循环的具体机制，进而总结新发展格局下提升我国产业链国际循环现代化的具体路径。站在需求侧的角度，基于市场势力与国内市场规模和价值链治理的密切关系（Gereffi et al.，2005），本章首先分析了他国对本国市场的依赖加深是否为释放内需潜力稳定产业链国际循环的机制；另一方面，从供给侧分析，本国产品国际竞争力受规模经济效应的影响，是否也是产业链自立自强、稳定安全的决定因素。因此，有必要探索提升产品国际竞争力是不是国内市场规模扩张促进产业链的国际循环稳定机制。

$$\ln FVA_{ist} = \beta_0 + \beta_1 \ln DS_{ist} + \beta_2 \ln X_{ist} + \varphi_i + \varphi_s + \varphi_t + \varepsilon_{ist} \quad (7-26)$$

$$\ln RVCA_{ist} = \chi_0 + \chi_1 \ln DS_{ist} + \chi_2 \ln X_{ist} + \varphi_i + \varphi_s + \varphi_t + \varepsilon_{ist} \quad (7-27)$$

表7-4汇报了式（7-26）与式（7-27）国内市场规模与市场势力和产品国际竞争力的回归分析结果，回归系数符号和显著性与预期相符。第（1）列与第（3）列的结果说明释放内需潜力能够显著提升其他国家对本国市场的依赖程度。在RCEP区域价值链中随着日本制造业总投入被中国超越，中国也成为这一区域价值链内为其他经济体提供国外增加值最多的贸易伙伴。同理，美国制造业总投入在G7集团GVCs中长期保持在40%以上，这一GVCs内其他经济体从美国获得的国外增加值约占全部国外增加值总量的35%。第（2）列与第（4）列的结果反映了国内市场规模扩张对产品国际竞争力的提升作用。中国制造业国内总投入份额在RCEP区域价值链中从9%上升至28%，在G7集团GVCs中从7%上升至23%，制造业产品国际竞争力也保持上升趋势，从1.41上升至1.65。

**表7-4　国内市场规模对市场势力与产品国际竞争力的影响**

| | （1）RCEP 被依赖程度 | （2）RCEP 国际竞争力 | （3）G7集团 被依赖程度 | （4）G7集团 国际竞争力 |
|---|---|---|---|---|
| $\ln DS_{ist}$ | 0.27*** (15.71) | 0.08** (2.13) | 0.60*** (20.59) | 0.10*** (6.89) |
| 控制变量 | 控制 | 控制 | 控制 | 控制 |
| $R^2$ | 0.31 | 0.30 | 0.64 | 0.49 |
| F | 61.42 | 59.89 | 105.42 | 83.71 |

注：各变量回归系数下方的括号中数字为系数标准差；**、***分别表示在5%、1%的水平下显著。

在明确了释放内需潜力、扩大国内市场规模有利于提升本国市场势力和产品国际竞争力后，本章通过式（7-28）和式（7-29）反映国内市场规模影响产业链国际循环现代化的机制。

$$\ln Center_{ist} = \gamma_0 + \gamma_1 \ln DS_{ist} \times \ln FVA_{ist} + \gamma_2 \ln DS_{ist} + \gamma_3 \ln Tech_{ist} + \gamma_4 \ln X_{ist} + \varphi_i + \varphi_s + \varphi_t + \varepsilon_{ist} \tag{7-28}$$

$$\ln Center_{ist} = \varphi_0 + \varphi_1 \ln DS_{ist} \times \ln RVCA_{ist} + \varphi_2 \ln DS_{ist} + \varphi_3 \ln Tech_{ist} + \varphi_4 \ln X_{ist} + \varphi_i + \varphi_s + \varphi_t + \varepsilon_{ist} \tag{7-29}$$

式（7-28）在基准模型的基础上加入国内市场规模与其他国家对本国市场依赖程度的交互项，表7-5第（1）列与第（3）列显示交互项回归结果为正且显著，表明存在释放内需潜力时通过加深他国对本国市场的依赖程度对产业链国际循环的稳定机制。表7-5第（2）列与第（4）列汇报了式（7-29）的回归结果。交互项结果为正且显著，反映出以国内市场为基点，发挥规模经济比较优势，提升产品国际竞争力，进而促进国际循环稳定的调节效应。国家发展水平差异巨大的RCEP区域价值链和以发达国家为主的G7集团GVCs分组回归结果的显著性与系数符号近似，进一步证明了市场势力与国际竞争力是国内市场规模提升产业链国际循环现代化的机制。

表 7-5　　　　　　　　　市场势力机制与国际竞争力机制

| | （1）RCEP 被依赖程度 | （2）RCEP 国际竞争力 | （3）G7集团 被依赖程度 | （4）G7集团 国际竞争力 |
|---|---|---|---|---|
| $\ln DS_{ist}$ | 0.15*** (3.73) | 0.22*** (2.78) | 0.29** (1.90) | 0.37*** (7.80) |
| $\ln DS_{ist} \times \ln FVA_{ist}$ | 0.10*** (6.15) | | 0.18*** (4.78) | |
| $\ln DS_{ist} \times \ln RVCA_{ist}$ | | 0.17*** (3.58) | | 0.12** (1.89) |
| 控制变量 | 控制 | 控制 | 控制 | 控制 |
| $R^2$ | 0.66 | 0.65 | 0.85 | 0.71 |
| F | 14.48 | 14.29 | 28.56 | 22.13 |

注：各变量回归系数下方的括号中数字为系数标准差；** 、*** 分别表示在5%、1%的水平下显著。

## 第五节　本章小结

在逆全球化浪潮兴起和新冠疫情暴发等突发事件的背景下，中国成为2020年世界主要经济体中唯一保持经济正增长的国家，以国内大循环为主体的新发展格局表现出极强的经济韧性和产业链的现代化。本章从需求侧论证当前技术水平下国内超大规模市场能够成为中国参与国际竞争的新优势,丰富了科技自立自强、建立完善创新链等供给侧改革之外的稳定产业链路径;改进了 PageRank 中心度算法在衡量节点权重、出入强度方面的缺陷,加入了对网络节点连边的权重、连边个数及连边的方向来突出国家在贸易网络中的重要程度、现代化等特征。通过实证分析得到以下结论:

第一,技术相对落后的经济体,能够凭借国内超大规模市场优势提升产业链的国际循环现代化。本章的实证分析结果显示在 RCEP 区域价值链和 G7 集团 GVCs 中释放内需潜力、扩大国内市场规模均能显著提升本国产业链的国际循环现代化。目前,中国和美国作为两个价值网络中制造业总投入规模最大的经济体,在 RCEP 和 G7 中分别拥有最稳定的产业链国际循环。虽然日本的制造业产品复杂度仍然大于中国,但是 2009 年其制造业总投入规模被中国超越后,日本在 RCEP 区域价值链中的现代化和重要程度也随之被中国超越。上述结论直接支持了以国内大循环为主体、国内国际双循环相互促进的新发展格局在保持产业链安全、稳定方面的重要作用。因此,有必要提出、落实相应的措施,释放我国内需潜力,发挥国内超大规模市场的优势。

本章建议,提高劳动报酬份额以扩大内需,为国内、国际产业集群与国家创新体系对接、中小企业向隐形冠军成长提供市场。劳动报酬份额长期低位徘徊的状况是我国当前收入差距过大、内需潜力不能充分释放的重要原因。马克思认为,劳动和资本要素在分配中具有对立关系,劳动是每个人都拥有的生产要素,资本则被少数人占据,劳动报酬份额在很大程度上决定着分配结果。2020 年我国已经消灭了绝对贫困,继续提高劳动报酬份额将有助于壮大中等收入群体,激活更多人、更高层次的有效需求,不断实现人民群众对美好生活的向往。随着人均收入水平的不断提高、内需潜力的充分释放,产业链的国内国际循环现代化将得到提升,从而为新发展格局、新发展阶段、社会主义新征程打下坚实基础。

第二，发挥市场势力机制，提升其他国家对中国市场的依赖程度有助于通过国内市场提升产业链的国际循环现代化。机制分析结果表明，当其他国家对某一国家市场的高度依赖是该国释放内需潜力、提升产业链国际循环现代化的重要机制。这一机制既与 Antràs和 Chor（2021）、Blanchard 等（2016）、杨继军和范从来（2015）提出的 GVCs 全球经济"稳定器"功能、反复多次合作能提升价值链韧性的结论相呼应，又为新兴经济体参与 GVCs 治理、变"客场全球化"为"主场全球化"提供了一种思路。过去，中国为了取得分工收益加入发达国家主导的 GVCs，形成"两头在外、大进大出"，高度依赖海外市场的发展格局。这一发展格局不断巩固 GVCs链主的产业链国际循环现代化，却使我国在国际环境恶化时面临"卡脖子""掉链子"的困境。当前，需要采取相应的措施提升我国市场势力，进而以我为主、进退自如地参与 GVCs。

本章建议高举人类命运共同体的旗帜，将中国打造为世界级的市场驱动型"链主"，获取产业链话语权。世界级企业成长发展的实践证明，自主品牌和自有技术主要基于本国文化、内需进行培育，同时需要借助国际市场、国际资源提高企业运行效率。然而，中国在内需规模、层次方面距美国仍有一段距离，短时间内难以直接取代美国成为"世界需求中心"，并凭借这一优势配置、俘获国际资源。中国在培育自身的市场势力时，可以先从被俘获、被锁定的不利状态转变为共建、共商、共享的关系型价值链（Relational Value Chains）模式，形成与其他经济体相互依存的局面，并逐步参与规则、标准制定，通过兑现已经具备的市场势力巩固产业链的现代化。当中国市场规模、层次具备成为世界级的市场驱动型"链主"实力时，可以采用更加灵活、多样的治理模式提升产业链的国际循环现代化。

第三，利用规模经济效应提升产品国际竞争力，有助于我国发挥国内超大规模市场优势稳定产业链的国际循环。本章发现的另一条机制为产品国际竞争力上升是国内市场规模扩张提高产业链现代化的机制。国内市场规模扩张对产品国际竞争力的提升作用显著，中国制造业 RVCA 指数从 1.41 上升至 1.65，规模化优势正在取代成本竞争优势成为中国参与国际竞争的全新比较优势。为了进一步利用规模经济效应提升我国产品国际竞争力，超大规模的统一市场亟待形成，以打破一切阻碍企业效率提升的制度、行政壁垒和市场垄断。

本章建议通过反垄断法促进国内市场公平竞争，纠正部分大型企业重扩张轻深耕的问题，深化 NVCs 分工以鼓励垂直专业化高的中小企业发展，优胜劣汰，形成一批国际竞争力强的隐形冠军企业参与国际市场竞争。以对内开放支撑对外开放，彻底打通国内市场与国际市场的堵点，提升民营企业的地位和发展水平，激发其"走出去"站到全球化舞台上公平地参与世界经济竞争（刘志彪，2021）。

# 第八章 新发展格局下中国制造业价值链 升级路径选择建议

面对 GVCs、"一带一路" RVCs 与围绕国内市场建立的 NVCs 这三条价值链升级路径，中国制造业应该如何选择、组合才能顺利完成转型升级，是本章研究的主要问题。以国内大循环为主体、国内国际双循环相互促进的新发展格局确定了具体升级路径和各条路径的结构主次关系。本章围绕国际竞争力与竞争强度的匹配关系，提出并验证了新发展格局下的制造业升级路径选择假说。据此，形成中国制造业价值链升级路径选择建议。

## 第一节 外部环境变化与新发展格局的提出

全球化不断深入时，大量国家涌入 GVCs；保守主义盛行时，GVCs 价值网络遭到破坏。有三种指标可以反映各国 GVCs 参与度随时间变化的情况，分别是 GVCs 后向关联度（Backward Linkages）、GVCs 前向关联度（Forward Linkages）、GVCs 参与度指数（GVCs Participation）。后向关联度最早由 Hummels 等（2001）提出，他们将本国出口产品中投入的来自其他国家的货物称为垂直专业化水平（Vertical Specialization，VS），用来反映各国嵌入 GVCs 的程度。Koopman 等（2010）将贸易额转换为增加值，并将本国出口产品中被其他国家吸收的增加值 $VS_s$ 称为 GVCs 后向关联度。同时，Koopman 等（2010）定义了 GVCs 前向关联度，即本国从其他国家出口产品中获得的增加值 $IV_s$。Banga（2013）认为，前向关联度侧重反映各国在 GVCs 中的获利能力和控制能力，体现了本国中间产品或服务嵌入其他国家出口产品的程度；后向关联度更能体现一国对 GVCs 的依赖程度，呈现的是本国出口产品中使用的国外中间产品和服务的比例。两种指标均反映了产品或服务多次跨越国界，价值链上下游各国企业合作创造产品价值的经济现象，也均被视为经济体嵌入 GVCs 程度加深的标志（Wang et al.，2017）。Koopman 等（2010）将前向关联度和后向关联度加总，提出 $GVCPar$，将从 GVCs 中获利能力提升与专业化水平提高均视为 GVCs 参与度提升的表现。

回顾最近十年的 GVCs 参与度变化趋势，如图 8-1 所示，2008 年国际金融危机爆发后中美德等世界主要经济体的 GVCs 参与度出现大幅下滑，随后短暂回升后又呈现下降趋势。Baldwin 和 Lopez-Gonzalez（2015）认为，这是价值链全球化扩张势头减弱、区域化建设增强的标志。新冠疫情暴发后停工禁运、制裁打压事情频发，GVCs 参与度有进一步下降的可能，GVCs 这一价值创造网络是否会就此终结令人担忧。实际上对 GVCs 参与度进行分解后不难发现，代表中美德 GVCs 获利能力和控制能力的前向关联度在国际金融危机后保持上升趋势（见图 8-2）。这说明世界主要经济体从未放弃对分工收益的追逐以及相应价值网络的建设，参与度出现收缩的领域集中在代表海外零部件依赖度的后向关联度。通过制造业回归、本国优先战略保证国内循环畅通，进而依托 GVCs 核心环节虹吸全球分工利益似乎已经成为经济大国参与 GVCs 的新趋势。但是，GVCs 中外包分工任务的减少以及对有限分工任务的争夺日益激烈均反映出以 GVCs 作为中国制造业价值链升级路径充满不确定性和风险。

本章在分析 GVCs 升级路径前景时，试图检验下游参与 GVCs（后向关联度）是否有利于提升产品复杂度进而增进国民收入的学习效应机制，分析后向关联度下行时国民收入是否受制于学习效应消退而下滑。下游参与 GVCs 程度高的经济体出口产品中引进了大量国外中间产品，能够以较低成本学习和模仿国外先进技术，通过学习效应促进本国技术复杂度的提高。同时，检验上游参与（前向关联度）引起产品复杂度提升进而增进国民收入的促进竞争效应机制。Humphrey 和 Schmitz（2002）论证了经济体进入 GVCs 上游环节向国际市场供给中间产品时，会面临更激烈的国际竞争。综上所述，本章提出以下关于 GVCs 升级路径的假设。

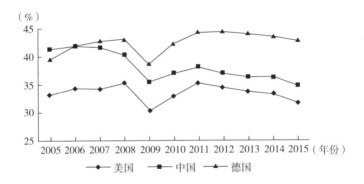

**图 8-1　中美德 GVCs 参与度变化趋势**

资料来源：根据 IOTs-OECD 和 TiVA 数据库计算、整理得到。

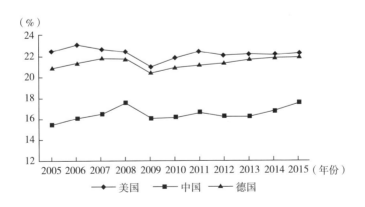

**图 8-2　中美德前向关联度变化趋势**

资料来源：根据 IOTs-OECD 和 TiVA 数据库计算、整理得到。

H1：外部环境变化后，GVCs 升级路径随着学习效应消退、竞争效应强化变得不再稳健，对产品复杂度的提升构成负面影响。

为了在危机中育新机，于变局中开新局，习近平总书记提出了以国内大循环为主体、国内国际双循环相互促进的新发展格局，即我国将"把满足国内需求作为发展的出发点和落脚点，加快构建完整的内需体系，大力推进科技创新及其他各方面创新，加快推进数字经济、智能制造、生命健康、新材料等战略性新兴产业，形成更多新的增长点、增长极，着力打通生产、分配、流通、消费各个环节，培育新形势下我国参与国际合作和竞争新优势"。这一新发展格局直面 GVCs 各分工环节"碎片化"分布于世界各国，某些核心环节阻滞，上下游企业都无法运转的难题（Grossman and Esteban，2008），力求通过科技创新和产业升级降低我国对海外核心技术和产品的依赖程度（魏龙和王磊，2017；王磊等，2021），构建完整的内需体系。国内国际双循环新发展格局这一顶层设计为我国应对国内外风险指明了方向，面对 GVCs、RVCs、NVCs 三条价值链升级路径，如何选择和组合最有利于我国制造业升级仍有待探索。例如，外部环境不确定性不断增加导致来自 GVCs 升级路径的学习效应和技术溢出消退后，围绕国内市场建立的 NVCs 升级路径能否继续稳健地支撑中国制造业转型升级，进而缓解 GVCs 升级路径阻断的冲击。以 NVCs 为主要升级路径的基础上，加强 NVCs 路径与 RVCs、GVCs 的互动是否更有利于中国制造业价值链升级？在中国制造业价值链的国际循环内部嵌入 GVCs 与主导 RVCs 的升级绩效孰优孰劣均有待探索。因此，本章提出了以下关于价值链升级路径组合的假设。

H2：外部环境变化后，NVCs 升级路径仍然能够稳定支撑中国制造业价值链升级。

H3：在中国制造业价值链的国际循环中，主导 RVCs 比嵌入 GVCs 更有利于价值链升级。

H4：加强 NVCs 路径与 RVCs、GVCs 的联系，打造多元化的升级路径体系比单一依靠一种升级路径更有利于中国制造业价值链升级。

# 第二节　外部环境变化对原有升级路径的影响

在经济全球化和贸易自由化顺利推行的时期，中国制造业通过嵌入 GVCs 实现了跨越发展；保护主义盛行以及"全面遏制"战略的来临又使中国制造业价值链升级困难重重。由于技术进步与 GVCs 参与度、国民收入增长关系密切，有利于为新发展格局提供理论解读与数据支撑，本部分着重分析 GVCs 参与度变化引起的学习效应弱化与竞争效应强化是否抑制了中国制造业价值链升级。如图 8-1 和图 8-2 所示，目前我国 GVCs 参与度呈现出前向关联度上升、后向关联度下降的结构变化，我们将 GVCs 参与度按前向关联度和后向关联度进行划分，分别讨论了上游参与 GVCs 和下游参与 GVCs 的技术进步受阻机制。

$$TSI_{st}^{m}=\alpha+\beta_{1}GVCPar_{Forward\,st}^{m}+\beta_{2}X+\vartheta_{s}+\vartheta^{m}+\vartheta_{t}+\varepsilon_{st}^{m} \qquad (8-1)$$

$$TSI_{st}^{m}=\alpha+\beta_{1}GVCPar_{Backward\,st}^{m}+\beta_{2}X+\vartheta_{s}+\vartheta^{m}+\vartheta_{t}+\varepsilon_{st}^{m} \qquad (8-2)$$

式（8-1）、式（8-2）中 $TSI$ 为产品复杂度，代表技术水平；$GVCPar_{Forward}$ 为前向关联度，代表上游参与 GVCs 程度，$GVCPar_{Backward}$ 为后向关联度，代表下游参与 GVCs 程度。$X$ 为控制变量，人力资本、人均资本。人力资本和人均资本是内生经济增长模型中的变量。Lucas（1988）、Romer（1990）引入人力资本的概念，区分不同质量和不同熟练程度的劳动力对国民收入的贡献。本节借鉴这一方法，将劳动要素分为生产部门和研发部门，检验不同技术水平的劳动力在各国收入增长中所起的作用。低技术劳动力及中等技术劳动力归入生产部门，将生产部门劳动力增长率计为 Labor。新兴经济体嵌入 GVCs 后，本国廉价劳动力与发达国家技术相结合，能显著提高生产效率和国民收入，预计符号为正。高技术劳动力归入研发部门，将这一变量的增长率记为 Highskill。内生经济增长理论认为，专业化人力资本积累水平是决定创新水平高低的主要因素，而创新是国民收入增长的源泉，预计符号为正。同时，Lucas（1988）模型中设定知识积累和技术进步不依赖于资本总量，而依赖于人均资本。因此，本节以固定资本与劳动力总量之比作为人均资本，将人均资本的变化率用 $kl$ 表示，体现物质资本积累对国民收入增长的贡献，预计符号为正。

表 8-1 第（1）列汇报了式（8-1）的回归结果，系数为正且显著，表明经济体下游参与 GVCs 有利于产品复杂度的提高。下游参与 GVCs 程度高的经济体出口产品中引进了大量国外中间产品，能够以较低成本学习和模仿国外先进技术，通过学习效应促进本国技术复杂度的提高。第（2）列汇报了式（8-2）的回归结果，系数为负且显著，反映出经济体上游参与 GVCs 不利于产品复杂度的提高。上游参与 GVCs 程度高的经济体供给更多的中间产品，意味着要独立研发新产品、新技术，承担更大风险。同时，后发国家进入这一分工环节后将面临守成国家的竞争和打压，技术外溢效应逐渐消失，促进竞争效应也对产品复杂度的提高构成负面影响。因此，随着中国制造业后向参与度下行，原先促进制造业价值链升级的学习效应逐渐消退；通过前向参与在朝着 GVCs 链主控制的核心环节攀升过程中，面临的制裁打压和贸易摩擦越来越多（余振等，2018）。外部环境的变化使 GVCs 路径从促进中国制造业价值链升级变为遏制中国制造业技术进步，也印证了本章的第一个假设：外部环境变化后，GVCs 升级路径随着学习效应消退、竞争效应强化变得不再稳健，对产品复杂度的提升构成负面影响。

表 8-1　上游参与 GVCs 与下游参与 GVCs 对技术进步的影响

| | （1） | （2） |
|---|---|---|
| $GVCPar_{Backward}$ | 0.52*** (2.71) | |

续表

| | （1） | （2） |
|---|---|---|
| $GVCPar_{Forward}$ | | $-0.58^{*}$<br>$(-1.80)$ |
| 控制变量 | 控制 | 控制 |
| $R^2$ | 0.92 | 0.91 |
| F | 62.37 | 61.42 |

注：各变量回归系数下方的括号中数字为系数标准差；＊、＊＊＊分别表示在10%、1%的水平下显著。

在讨论 GVCs 参与度下降会造成技术进步受阻后，本章继续通过式（8-3）和式（8-4）识别前向关联度和后向关联度影响制造业发展的机制。

$$VA_{st}^{m}=\alpha+\beta_1\ GVCPar_{Backward\,st}^{m}+\beta_2\ GVCPar_{Backward\,st}^{m}\times TSI_{st}^{m}+\beta_3X+\vartheta_s+\vartheta^{m}+$$
$$\vartheta_t+\varepsilon_{st}^{m} \tag{8-3}$$

$$VA_{st}^{m}=\alpha+\beta_1\ GVCPar_{Forward\,st}^{m}+\beta_2\ GVCPar_{Forward\,st}^{m}\times TSI_{st}^{m}+\beta_3X+\vartheta_s+\vartheta^{m}+$$
$$\vartheta_t+\varepsilon_{st}^{m} \tag{8-4}$$

式（8-3）在式（8-1）的基础上加入后向关联度与产品复杂度的交互项，表8-2第（1）列显示交互项回归结果为正且显著，表明后向关联度下降时通过降低产品复杂度对制造业增加值的抑制机制存在。式（8-3）$GVCPar_{Backward}$ 的系数不显著，说明仅仅通过下游参与 GVCs 而不吸收、学习国外技术，无法促进制造业发展，与刘志彪和张杰（2007）"低端锁定"的观点一致。表8-2第（2）列汇报了式（8-4）的回归结果，$GVCPar_{Forward}$ 的系数为正且显著，说明占据 GVCs 上游分工环节，向其他国家供给更多的中间产品，有利于制造业增加值的提高。交互项结果为正且显著，反映出技术进步和上游参与 GVCs 促进制造业发展的互动效应系数显著且数值最大，即占据 GVCs 上游环节后，若能通过内生技术进步提升产品复杂度，继续突破尖端技术，将产生超额利润。综上所述，学习效应消失引起技术进步受阻是后向关联度下滑抑制制造业增加值增长的机制。目前,我国后向关联度逐年降低,制造业增加值和产品复杂度受制于这一效应有下行风险。但是,前向关联度呈现上升趋势,如果中国制造业在核心环节和关键领域实现突破,实现科技自立自强,将显著增加制造业分工收益。同时,前向关联度与产品复杂度的互动效应系数极高,学习效应消退后要加快内生技术进步,提高产品复杂度,掌握更多独创独有技术,通过 NVCs 价值链升级带动 GVCs 分工收益提升。

表 8-2               GVCs 参与度、产品复杂度与国民收入

| | (1) | (2) |
|---|---|---|
| $GVCPar_{Backward}$ | -0.25<br>(-1.45) | |
| $GVCPar_{Backward} \times TSI$ | 0.38***<br>(3.78) | |
| $GVCPar_{Forward}$ | | 0.38*<br>(1.75) |
| $GVCPar_{Forward} \times TSI$ | | 1.34***<br>(4.22) |
| 控制变量 | 控制 | 控制 |
| $R^2$ | 0.65 | 0.66 |
| F | 14.29 | 14.48 |

注:各变量回归系数下方的括号中数字为系数标准差;*、*** 分别表示在 10%、1%的水平下显著。

## 第三节   中国制造业价值链升级路径前景比较

为了验证以 NVCs 升级路径带动中国制造业发展的可行性,本节我们首先尝试比较外部环境变化前后 NVCs 路径与 GVCs 路径在制

造业价值链升级方面的表现，回答 NVCs 升级路径能否稳定支撑中国制造业价值链升级的问题。另外，在中国制造业价值链的国际循环内部，RVCs 路径与 GVCs 路径的表现孰优孰劣也是这一部分重点讨论的问题。

## 一　GVCs 路径与 NVCs 路径价值链升级效应比较

为了比较 GVCs 升级路径和 NVCs 升级路径面对外部环境变化的表现，本节以假设 H1 的模型为基础，加入 NVCs 参与度作为解释变量，将 GVCs 与 NVCs 统一于同一分析框架。同时，考察了 GVCs 路径与 NVCs 路径的互动效应，以呈现打造多元化的升级路径体系、建立备用路径是否比单一升级路径更有利于制造业价值链的升级。最后，以升级路径与国际金融危机这一代表巨大外部冲击的虚拟变量进行交互，展现外部环境变化对 GVCs 路径和 NVCs 路径升级前景的影响。

$$TSI_{st}^m = \alpha + \beta_1 \ GVCPar_{Backward\ st}^m + \beta_2 NVCPar_{Backward\ st}^m + \beta_3 \ GVCPar_{Backward\ st}^m \times$$
$$NVCPar_{Backward\ st}^m + \beta_4 \ GVCPar_{Backward\ st}^m \times crisis + \beta_5 NVCPar_{Backward\ st}^m \times$$
$$crisis + \beta_6 X + \vartheta_s + \vartheta^m + \vartheta_t + \varepsilon_{st}^m \tag{8-5}$$

$$TSI_{st}^m = \alpha + \beta_1 \ GVCPar_{Backward\ st}^m + \beta_2 NVCPar_{Forward\ st}^m + \beta_3 \ GVCPar_{Backward\ st}^m \times$$
$$NVCPar_{Forward\ st}^m + \beta_4 \ GVCPar_{Backward\ st}^m \times crisis + \beta_5 NVCPar_{Forward\ st}^m \times$$
$$crisis + \beta_6 X + \vartheta_s + \vartheta^m + \vartheta_t + \varepsilon_{st}^m \tag{8-6}$$

式（8-5）中 $NVCPar_{Backward}$ 为 NVCs 后向参与度，代表中国某一地区被中国其他地区吸收的增加值 $DFV_{st}^{mn}$ 占该地区销往国内其他地区产品和出口产品总和 $z_{st}^{mn}$ 的份额；$GVCPar_{Backward}$ 为 GVCs 后向参与度，代表中国某一地区被其他国家吸收的增加值 $FV_{st}^{mn}$ 占 $z_{st}^{mn}$ 的份额[①]。同理可知，式（8-6）中 $NVCPar_{Forward}$ 为 NVCs 前向参与度，

---

[①] 将增加值核算从国家—产业层面深入地区—产业层面，需要完成中国区域间投入产出表（MRIOT）与世界投入产出表（WIOT）的合并。本书以 MRIOT 为主，保留了各省之间的中间产品投入产出数据，并将 MRIOT 的进出口额、总产出和增加值等数据作为外生变量，依据 WIOT 中国与世界各国的投入产出系数补充和展开 MRIOT，得到完整的MR-WIOT。

代表中国某一地区从中国其他地区吸收的增加值 $DIV_{st}^{mn}$ 占 $z_{st}^{mn}$ 的份额；crisis 为虚拟变量，国际金融危机爆发前的 2000—2007 年取值为 0，国际金融危机爆发后的 2008—2015 年取值为 1。以此考察 GVCs 路径和 NVCs 路径的价值链升级效果受外部环境变化的影响。表 8-3 汇报了具体回归分析结果。

由于 H1 的模型已经指出后向参与 GVCs（$GVCPar_{Backward}$）吸收技术溢出、发挥学习效应是 GVCs 路径帮助新兴经济体提高产品复杂度和增加值的主要机制。前向参与 GVCs（$GVCPar_{Forward}$）威胁到发达经济体对 GVCs 的治理和控制，在竞争效应下不利于中国制造业价值链升级。因此，这一部分在反映 GVCs 路径升级效果受外部环境变化的影响时，仅考虑了后向参与 GVCs。从表 8-3 第（1）列和第（2）列的回归结果均能发现后向参与 GVCs 在国际金融危机爆发前后均能促进产品复杂度提高，但是 GVCs 后向参与度 $GVCPar_{Backward}$ 与虚拟变量的交互项 $GVCPar_{Backward} \times crisis$ 回归系数符号为负。这意味着外部环境不确定性增强后，GVCs 路径对制造业产品复杂度的促进作用明显减弱。NVCs 路径方面同时考虑了后向参与和前向参与。如表 8-3 所示，在外部环境变化前后前向参与 NVCs 和后向参与 NVCs 均有利于中国制造业产品复杂度的提升。同时，NVCs 参与度和虚拟变量的交互项 $NVCPar_{Backward} \times crisis$、$NVCPar_{Forward} \times crisis$ 回归系数不显著，这说明外部环境变化前后 NVCs 路径能够稳定促进我国制造业产品复杂度的提升。GVCs 路径与 NVCs 路径升级前景的实证结果也证实了本章假设 H2：外部环境变化后，NVCs 升级路径仍然能够稳定支撑中国制造业价值链升级。

表 8-3　　GVCs 路径与 NVCs 路径价值链升级前景比较

| | （1） | （2） |
|---|---|---|
| $GVCPar_{Backward}$ | 0.45*** (3.51) | 0.47*** (2.95) |

续表

| | （1） | （2） |
|---|---|---|
| $NVCPar_{Backward}$ | 0.62\*\*\*<br>（2.87） | |
| $NVCPar_{Forward}$ | | 1.45\*\*\*<br>（3.17） |
| $GVCPar_{Backward} \times NVCPar_{Backward}$ | 0.03\*<br>（1.69） | |
| $GVCPar_{Backward} \times NVCPar_{Forward}$ | | 0.00\*<br>（1.72） |
| $GVCPar_{Backward} \times crisis$ | −0.10\*<br>（−1.71） | −0.14\*<br>（−1.68） |
| $NVCPar_{Backward} \times crisis$ | 0.04<br>（0.25） | |
| $NVCPar_{Forward} \times crisis$ | | 0.11<br>（0.34） |
| 控制变量 | 控制 | 控制 |
| $R^2$ | 0.93 | 0.91 |
| F | 17.29 | 16.78 |

注：各变量回归系数下方的括号中数字为系数标准差；＊、＊＊＊分别表示在10%、1%的水平下显著。

表8-3同时汇报了GVCs参与度和NVCs参与度交互项的回归结果。第（1）列的回归结果显示，同时后向参与GVCs和NVCs，联通价值链国内循环的下游环节与国际循环的下游环节，将有助于我国制造业产品复杂度的提高。第（2）列的结果表明，中国制造业后向参与GVCs的同时前向参与NVCs，联通价值链国内循环的上游环节与国际循环的下游环节，将有助于产品复杂度的提高。GVCs路径与NVCs路径在制造业价值链升级方面展现的互补特征提示我们：当GVCs路径受外部环境影响造成价值链升级作用减弱时，通过加强NVCs与GVCs的联通，能够继续借助GVCs路径利用国际市场和国际资源促进中国制造业价值链升级。NVCs与GVCs在促进制造业价值链升级方面展现的互补关系也部分证实了本章的假设H4，

即加强 NVCs 路径与 RVCs、GVCs 的联系，打造多元化的升级路径比单一依靠一种升级路径更有利于中国制造业价值链的升级。

## 二 GVCs 路径与 RVCs 路径价值链升级效应比较

按照竞争性和互补性进行划分，中国制造业价值链的国际循环可以分为发达国家主导的 GVCs 和中国倡议的"一带一路"RVCs 两部分。发达国家为了遏制中国进入 GVCs 核心环节与其展开水平竞争，对中国制造业的打压不断升级。当中国接触价值链的核心环节后，由于双方比较优势的差异，"一带一路"沿线国家与中国在 RVCs 中的互补合作关系并未改变。中国制造业在 GVCs 路径与 RVCs 路径下面临的价值链升级阻力差异决定了升级效果。

海关数据库与微观企业数据库合并后的结果显示，"一带一路" RVCs 路径的升级前景优于 GVCs 路径。如图 8-3 所示，主要市场分布在"一带一路"沿线国家（OBOR）的中国出口企业平均劳动生产率较高，以 G7 国家为目标市场的中国企业平均劳动生产率较低。2006 年两类出口企业的劳动生产率相差 99 千元/人，2015 年这一差距扩大至 191 千元/人。差距扩大说明十年间出口 OBOR 的企业升级效应更显著，生产率累计提高 47%；出口 G7 国家的企业生产率累计提高 35%，产业升级效应弱于出口 OBOR 的企业。"一带一路"RVCs 路径显著的升级效应，吸引了大量中国企业进入这一市场，2006 年出口 OBOR 的规模以上企业约为 7500 家，2015 年超过 20000 家；十年间以 G7 国家为主要市场的规模以上企业增加不足 6000 家。

为了增强实证分析结果的可信度，本章还测算了 4 万家出口 OECD 经济体企业的劳动生产率和 3 万家以非 OECD 经济体为主要市场的企业劳动生产率。如图 8-4 所示，2006 年和 2015 年以非 OECD 经济体为主要出口市场的企业劳动生产率更高，且十年间两类企业的劳动生产率进一步扩大。图 8-4 与图 8-3 中的结果和变化趋势一致，说明以"一带一路"沿线国家为目标市场的企业较以 G7 集团为目标市场的企业有更强的竞争力，同时中国制造业出口企业依托"一带一路"RVCs 路径较 GVCs 路径有更好的价值链升级前景。这一结论与传统国际贸易理论中将发达国家作为目标市场，满足高品质的产品需求，拥抱更激烈的国际竞争，需要更强的竞争力、更有利于生产率提高的观点相左。刘志彪和张杰（2007）的解释是发达经济体主导的 GVCs 将限制新兴经济体进入价值链的高端环节，并借助非对称优势和劳动力价格一体化对新兴经济体进行"低端锁定"。当前，国际经贸中少数国家针对我国出口 G7 国家企业的制裁、打压事件也印证了图 8-3 和图 8-4 的结果。

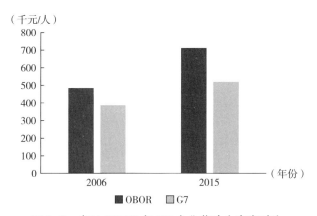

**图 8-3　出口 OBOR 与 G7 企业劳动生产率对比**

资料来源：根据海关数据库和中国工业企业数据库测算得到。

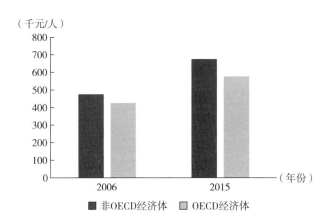

**图 8-4　出口 OECD 与非 OECD 企业对比**

资料来源：根据海关数据库和中国工业企业数据库测算得到。

  细化到产业层面，如果具备一个更为宽松的升级环境，使价值链中的强弱相对关系发生转换，中国制造业可能接触到价值链内的中高端环节，获得进一步提升产品复杂度的机会。本章选取 OECD 中的 15 个"一带一路"沿线国家代表 RVCs，统计区域内产品复杂度排名，将中国制造业全球和区域内排名进行比较，展示升级路径转换后，观察产品复杂度绝对水平不变的中国制造业能否取得更为有利的分工地位。

  OECD 世界投入产出表列出世界极具竞争力的 64 个经济体，其中 27 个经济体属于"一带一路"沿线国家，可以体现"一带一路" RVCs 的最高技术水平和市场势力。如表 8-4 的统计结果所示，中国制造业 7 个产业在区域内排名前 6，其他产业也全部进入前 10，在"一带一路"RVCs 竞争力最强的国家中未落下风。分工地位原先处于 GVCs 中下游的化学化工行业、机械设备制造业等产业有能力站稳 RVCs 的中高端环节；已经进入 GVCs 中高端环节的纺织制鞋业和电气和光学设备制造业，在"一带一路"RVCs 中分列第 1 位、第 2 位，成为区域内技术水平和市场势力的制高点，证实了假说 H3。

表 8-4 GVCs 重构前后中国十三个产业产品复杂度指数及排名

| | 中国产品复杂度 | | | | 全球排名 | | | 区域排名 |
|---|---|---|---|---|---|---|---|---|
| | 2002 年 | 2006 年 | 2015 年 | 倍数 | 2002 年 | 2006 年 | 2015 年 | 2015 年 |
| 食品 C3 | 8.88 | 15.49 | 28.66 | 1.85 | 15 | 14 | 13 | 4 |
| 纺织和制鞋 C4 | 29.44 | 41.36 | 50.61 | 1.22 | 9 | 5 | 5 | 1 |
| 木材 C5 | 6.35 | 12.83 | 27.10 | 2.11 | 19 | 18 | 16 | 9 |
| 印刷出版 C6 | 2.56 | 5.01 | 6.94 | 1.38 | 24 | 22 | 22 | 10 |
| 石油 C7 | 0.00 | 38.25 | 49.53 | 1.30 | 无 | 15 | 14 | 7 |
| 化学 C8 | 0.04 | 15.41 | 23.14 | 1.50 | 16 | 13 | 13 | 4 |
| 橡胶 C9 | 7.77 | 12.30 | 15.80 | 1.28 | 18 | 16 | 13 | 9 |
| 非金属 C10 | 6.47 | 25.96 | 85.97 | 3.31 | 19 | 18 | 12 | 6 |
| 金属 C11 | 3.06 | 51.18 | 64.98 | 1.27 | 23 | 16 | 12 | 4 |
| ICT C12 | 1.60 | 22.45 | 36.12 | 1.61 | 16 | 11 | 9 | 2 |

续表

| | 中国产品复杂度 | | | | 全球排名 | | | 区域排名 |
|---|---|---|---|---|---|---|---|---|
| | 2002 年 | 2006 年 | 2015 年 | 倍数 | 2002 年 | 2006 年 | 2015 年 | 2015 年 |
| 机械 C13 | 0.00 | 8.18 | 8.59 | 1.05 | 无 | 14 | 14 | 3 |
| 汽车 C14 | 0.00 | 1.15 | 3.95 | 3.44 | 无 | 25 | 18 | 7 |
| 其他 C15 | 9.38 | 17.71 | 17.44 | 0.98 | 16 | 14 | 16 | 7 |

资料来源：由 OECD 投入产出数据整理得到。

在明确"一带一路"RVCs 升级路径更有利于生产率提高、控制价值链中的核心环节后，技术进步和价值链升级能否有效增进国民收入是这一部分重点讨论的内容。如表 8-5 所示，出口 OBOR 的企业平均工资高于出口 G7 国家的企业。这两类企业的平均工资差距十年间从 0.36 万元扩大至 1.27 万元，与劳动生产率保持了相同的趋势。出口非 OECD 经济体的企业的工资同样高于出口 OECD 经济体的企业，"一带一路"RVCs 路径更显著的产业升级效应似乎也更能驱动国民收入增长。为了体现升级路径选择对国民收入的影响，本章通过表 8-6 呈现了出口 OBOR 企业与出口 G7 企业平均工资与劳动生产率的回归结果。RVCs 升级路径在驱动国民收入增长方面的效果也更好。

| 表 8-5 | 四类出口企业平均工资 | | | 单位：千元 |
|---|---|---|---|---|
| 年份 | OBOR | G7 | 非 OECD | OECD |
| 2006 | 23.41 | 19.81 | 23.34 | 20.54 |
| 2015 | 44.52 | 31.85 | 43.99 | 33.76 |

资料来源：根据海关数据库和中国工业企业数据库测算得到。

表 8-6　出口 OBOR 企业与出口 G7 企业平均工资与劳动生产率

| | （1） | （2） | （3） | （4） | （5） |
|---|---|---|---|---|---|
| *Tech* | 0.45*** (34.38) | 0.43*** (27.36) | 0.48** (2.56) | 0.38** (2.63) | 0.49*** (4.49) |
| *Tech×OBOR* | 0.28*** (19.89) | 0.25*** (18.54) | 0.23*** (18.54) | 0.27*** (18.54) | 0.26*** (18.54) |

续表

|  | (1) | (2) | (3) | (4) | (5) |
|---|---|---|---|---|---|
| *Capital* |  | 0.79 *** <br> (3.89) | 0.65 *** <br> (4.20) | 0.38 ** <br> (2.79) | 0.65 *** <br> (5.06) |
| *Labor* |  |  | 0.31 *** <br> (3.38) | 0.29 *** <br> (4.32) | 0.17 ** <br> (2.86) |
| *Export* |  |  |  | 0.70 *** <br> (3.34) | 0.99 *** <br> (5.66) |
| 常数项 | 20.35 *** <br> (206.79) | 18.30 *** <br> (104.14) | 17.35 *** <br> (74.90) | 19.79 *** <br> (45.56) | 16.96 *** <br> (28.38) |
| $R^2$ | 0.41 | 0.74 | 0.87 | 0.94 | 0.97 |
| F | 944.33 | 758.34 | 659.58 | 38.86 | 62.51 |

# 第四节　本章小结

外部环境变化后，GVCs 升级路径的学习效应消退，竞争效应加强，难以继续作为中国制造业升级的主要路径。习近平总书记反复强调"关键核心技术是要不来、买不来、讨不来的"。GVCs 升级路径被动吸收发达国家技术以及"客场全球化"的本质决定了后发国家越逼近发达国家分工位置越会遭遇制裁打压。因此，继续以 GVCs 作为主要升级路径，试图通过技术引进吸收掌握 GVCs 的核心环节，不仅将遭遇"低端锁定"和价值链升级失败的困局，而且由于国际竞争新优势迟迟无法确立，原先的要素、资源禀赋在关税冲击下式微，中国制造业将面临被"挤出"GVCs 的风险。"二元驱动"之外，混合驱动型产业的发现证明在 GVCs 非传统位置开始涌现核心环节和高附加值环节，为中国制造业打破发达经济体的"非对称优势"、实现"弯道超车"创造了条件。但是，非传统核心环节出现的时间和位置均存在较大的不确定性，在掌握相应规律之前，仍然无法安全、稳定地服务于中国制造业价值链升级，需要开拓其他升级路径应对外部环境变化。

中国制造业企业在"一带一路"RVCs中面临的竞争小于G7集团主导的GVCs，主导RVCs比嵌入GVCs更有利于价值链升级。外部环境变化后，中国制造业与"一带一路"沿线国家仍然保持较强的互补性，并未在价值链的个别环节扎堆竞争。因此，与嵌入GVCs相比，借助RVCs路径向价值链核心环节攀升的难度更低。同时，以"一带一路"RVCs沿线国家为主要出口目的地的出口企业较嵌入GVCs的企业具有更强的国际竞争力。较为宽松的升级环境和更强的国际竞争力使以"一带一路"RVCs为主要市场的制造业企业价值链升级效果更好。华为在非洲市场大获成功、小米在印度成为销量冠军均佐证了价值链国际循环中RVCs路径相比GVCs路径具有更好的升级前景。

本章建议在价值链核心环节有一定竞争力的中国制造业企业考虑从嵌入GVCs被动承接分工任务转为主导RVCs以我为主打造价值链。企业以主导RVCs为目标打造价值链，不仅天然地占据了价值链核心环节，而且企业资源、要素也将集中投入于研发、设计、运营和市场等在GVCs中难以企及的分工任务。这有利于强化中国制造业企业在价值链已知关键环节的竞争力，稳定实现价值链升级。同时，主导RVCs意味着中国制造业企业能够利用国际循环中效率更高、成本更有优势的资源和要素以提升产品的国际竞争力。这也将有利于培养中国制造业企业的价值链治理能力，将共建、共治、共商、共享的人类命运共同体理念落实、践行于RVCs治理中。中国制造业实现自身价值链升级的同时，也将帮助更多的发展中国家加速工业化进程（洪俊杰和商辉，2019）。RVCs治理能力的培养和人类命运共同体理念的推行在为中国制造业积累GVCs治理经验的同时，也将打破传统价值链治理模式"俘获""锁定"后发经济体的怪圈，将合作共赢、共同发展的思想重新贯彻于国际分工中。

在相同的外部冲击下，NVCs升级路径仍然能够稳定支撑中国制造业价值链升级，有利于制造业企业安全高效地攻克关键核心技术。如前文所述，在价值链核心环节已经具备一定竞争力的中国制造业企业，能够通过主导 RVCs 实现价值链升级。核心环节国际竞争力从无到有的过程以及关键核心技术攻关成功则是主导 RVCs 的先决条件。对比中国制造业价值链的国际循环与国内循环在外部环境变化前后的升级表现，不难发现外部环境变化后依靠国际循环的价值链升级效应显著减弱，以 NVCs 为抓手的价值链升级效应持续稳定。飞机发动机、光刻机以及高速芯片等核心零部件的攻关耗费人力、物力巨大，且要经历较长时间，更适合自主可控、安全稳定的升级路径。从大飞机麦道项目、荷兰光刻机合作项目以及瑞士机床合作项目获得的经验教训不难发现，GVCs 路径下攻关核心技术进行到关键阶段遇到的制裁打压不断。以 NVCs 路径为抓手，实现科技自立自强，成为中国制造业核心环节国际竞争力培养更为稳健的选择。

本章建议发挥新型举国体制优势，整合知识密集型要素投入基础领域和价值链关键环节，不断提高产品复杂度直至科技自立自强，以打通国内循环上游供给堵点，以国家创新体系支持中国制造业自主可控、安全高效地实现价值链升级。在打造国际竞争科技优势巩固我国世界供给中心地位的同时，本章还建议不断释放内需潜力以确立我国世界需求中心地位，形成供给需求"双中心"。具体措施包括：（1）通过反垄断法促进国内市场公平竞争，纠正部分大型企业重扩张轻深耕的问题，深化 NVCs 分工以鼓励垂直专业化高的中小企业发展，优胜劣汰，形成一批国际竞争力强的隐形冠军企业；（2）提高劳动报酬份额以扩大内需，为国内、国际产业集群与国家创新体系对接、使中小企业成长为隐形冠军提供市场；（3）尊重人才，在产权理论上承认人力资本在价值创造中的贡献，畅通人力资本兑现价值的渠道，使高级生产要素成为驱动中国制造业发展的新动能。这将有利于我国制造业培育出更多具有自主品牌和自主知识产权的创新型企业，进入创新驱动发展的良性循环。

联通国内国际循环，加强 NVCs 路径与 RVCs、GVCs 的联系，打造多元化的升级路径体系比单一升级路径更有利于中国制造业价值链升级。同时具备 NVCs、RVCs 和 GVCs 中两条以上升级路径，能够联通国内国际循环的中国制造业企业展现出更显著的价值链升级效应。这一方面是因为升级路径之间展现出良好的互补性，某一路径受外部环境影响断裂、脱钩时备用路径的存续使价值链升级进程不至于全面停滞。另一方面，能够联通国内国际循环的企业适应外部环境、调整资源要素配置的能力更强，通过充分利用国内国际两种资源、两个市场，推进安全高效的价值链升级。例如，中美贸易摩擦爆发后，不少制造业企业采用"中国+1"的模式在中国和越南边境投资建厂，在规避美方高关税的同时利用了越南廉价劳动力优势、中国的生产管理经验。RCEP 的原产地累计规则更是在 RVCs 和 NVCs 相互联通的基础上形成制度创新，提升了中国制造业应对外部环境变化的能力。

本章提出以下建议：（1）中国发起或参与一系列自由贸易、国际投资协定，形成多重 GVCs、RVCs 交互，以促进中国制造业价值链升级。在中国主导的"一带一路"RVCs 中通过上游参与提升市场控制能力，在多个发达国家参与的 RCEP 中通过下游参与获得技术溢出。（2）不断削减外商投资准入负面清单，将成熟的制度创新模型推广、复制至国内市场，以对外开放促进国内开放；打破地方保护和行政、市场垄断，畅通国内大循环，以对内开放支撑对外开放。最终，通过双向开放打通国内国际循环的堵点，消除两种资源、两个市场流通的壁垒和障碍。（3）随着我国中产阶级日益壮大以及人民群众对美好生活、高质量产品的向往日益强烈，可以利用内需连接 NVCs 和 RVCs、GVCs，吸引、整合国内国际企业服务中国内需，以"主场全球化"提升中国制造业的价值链治理能力。

# 参考文献

巴曙松、吴博、朱元倩:《关于实际有效汇率计算方法的比较与评述——兼论对人民币实际有效汇率指数的构建》,《管理世界》2007年第5期。

白玉华:《疫情冲击下中国制造业对越南投资的困境与对策》,《国际贸易》2020年第7期。

蔡昉:《未来的人口红利——中国经济增长源泉的拓展》,《中国人口科学》2009年第1期。

蔡昉:《未富先老与中国经济增长的可持续性》,《国际经济评论》2012年第1期。

蔡昉、王美艳:《中国面对的收入差距现实与中等收入陷阱风险》,《中国人民大学学报》2014年第3期。

岑丽君:《中国在全球生产网络中的分工与贸易地位——基于TiVA数据与GVC指数的研究》,《国际贸易问题》2015年第1期。

陈继勇、王宝双、蒋艳萍:《企业异质性、出口国内附加值与企业工资水平——来自中国的经济数据》,《国际贸易问题》2016年第8期。

陈晓华、刘慧:《生产性服务业融入制造业环节偏好与制造业出口技术复杂度升级——来自34国1997—2011年投入产出数据的经验证据》,《国际贸易问题》2016年第6期。

程大中:《中国参与全球价值链分工的程度及演变趋势——基于跨国投入产出分析》,《经济研究》2015年第9期。

崔连标、朱磊、宋马林、郑海涛:《中美贸易摩擦的国际经济影响评估》,《财经研究》2018 年第 12 期。

戴翔、郑岚:《制度质量如何影响中国攀升全球价值链》,《国际贸易问题》2015 年第 12 期。

戴翔:《服务贸易自由化是否影响中国制成品出口复杂度》,《财贸研究》2016 年第 3 期。

范剑勇、冯猛、李方文:《产业集聚与企业全要素生产率》,《世界经济》2014 年第 5 期。

葛顺奇、罗伟:《跨国公司进入与中国制造业产业结构——基于全球价值链视角的研究》,《经济研究》2015 年第 11 期。

韩民春、张丽娜:《制造业外商直接投资撤离对中国就业的影响》,《人口与经济》2014 年第 5 期。

韩永辉、罗晓斐、邹建华:《中国与西亚地区贸易合作的竞争性和互补性研究——以"一带一路"战略为背景》,《世界经济研究》2015 年第 3 期。

郝凤霞、周冰洁、杨玉红:《FDI 流入对我国产业所处全球价值链位置的作用研究》,《工业工程与管理》2016 年第 1 期。

何祚宇、代谦:《上游度的再计算与全球价值链》,《中南财经政法大学学报》2016 年第 1 期。

洪俊杰、商辉:《中国开放型经济的"共轭环流论":理论与证据》,《中国社会科学》2019 年第 1 期。

洪银兴、杨玉珍:《构建新发展格局的路径研究》,《经济学家》2021 年第 3 期。

胡大立:《我国产业集群全球价值链"低端锁定"战略风险及转型升级路径研究》,《科技进步与对策》2016 年第 3 期。

胡昭玲、李红阳:《参与全球价值链对我国工资差距的影响——基于分工位置角度的分析》,《财经论丛》2016 年第 1 期。

黄永春、郑江淮、张二震:《依托于 NVC 的新兴产业开放互补式技术突破路径——来自昆山新兴产业与传统产业的比较分析》,《科学学研究》2014 年第 4 期。

霍春辉：《全球价值链分工双面效应下的中国制造产业升级》，《经济问题》2016 年第 3 期。

计志英、胡亚伟、贾利军：《产业内分工提升中国制造业价值创造能力研究——基于 15 个制造业子行业数据的实证分析》，《工业技术经济》2013 年第 9 期。

贾庆国：《大胆设想需要认真落实"一带一路"亟待弄清和论证的几大问题》，《人民论坛》2015 年第 9 期。

黎伟：《GVC/NVC 双重嵌入中传统制造企业动态能力提升路径研究——以毛织企业为例》，《现代管理科学》2015 年第 4 期。

李宏、刘珅：《FDI 影响中间品贸易机制的理论与实证分析》，《南开经济研究》2016 年第 2 期。

李惠娟、蔡伟宏：《参与全球价值链提升了生产率和工资份额吗——来自服务业的证据》，《广东财经大学学报》2016 年第 5 期。

李金滟、宋德勇：《专业化、多样化与城市集聚经济——基于中国地级单位面板数据的实证研究》，《管理世界》2008 年第 2 期。

李静：《初始人力资本匹配、垂直专业化与产业全球价值链跃迁》，《世界经济研究》2015 年第 1 期。

李强：《企业嵌入全球价值链的就业效应研究：中国的经验分析》，《中南财经政法大学学报》2014 年第 1 期。

李晓、陈煜：《疫情冲击下的世界经济与中国对策》，《东北亚论坛》2020 年第 3 期。

刘斌、王杰、魏倩：《对外直接投资与价值链参与：分工地位与升级模式》，《数量经济技术经济研究》2015 年第 12 期。

刘斌、王乃嘉、屠新泉：《贸易便利化是否提高了出口中的返回增加值》，《世界经济》2018 年第 8 期。

刘海云、毛海欧：《国家国际分工地位及其影响因素——基于"GVC 地位指数"的实证分析》，《国际经贸探索》2015 年第 8 期。

刘林青、周潞：《比较优势、FDI 与中国农产品产业国际竞争力——基于全球价值链背景下的思考》，《国际贸易问题》2011 年第 12 期。

刘瑶：《参与全球价值链拉大了收入差距吗——基于跨国行业的面板数据》，《国际贸易问题》2016 年第 4 期。

刘志彪、张杰：《全球代工体系下发展中国家俘获型网络的形成、突破与对策——基于 GVC 与 NVC 的比较视角》，《中国工业经济》2007 年第 5 期。

刘志彪、张杰：《我国本土制造业企业出口决定因素的实证分析》，《经济研究》2009 年第 8 期。

刘志彪、凌永辉：《中国经济：从客场到主场的全球化发展新格局》，《重庆大学学报》（社会科学版）2020 年第 6 期。

刘志彪：《需求侧改革：推进双循环发展格局的新使命》，《东南学术》2021 年第 2 期。

卢福财、罗瑞荣：《全球价值链分工条件下产业高度与人力资源的关系——以中国第二产业为例》，《中国工业经济》2010 年第 8 期。

吕越、邓利静：《全球价值链下的中国企业"产品锁定"破局——基于产品多样性视角的经验证据》，《管理世界》2020 年第 8 期。

吕越、尉亚宁：《全球价值链下的企业贸易网络和出口国内附加值》，《世界经济》2020 年第 12 期。

孟祺：《基于附加值贸易的中越纺织服装产业全球价值链研究》，《经济体制改革》2016 年第 2 期。

倪红福、龚六堂、夏杰长：《生产分割的演进路径及其影响因素——基于生产阶段数的考察》，《管理世界》2016 年第 4 期。

倪红福：《中国出口技术含量动态变迁及国际比较》，《经济研究》2017 年第 1 期。

聂聆、李三妹：《制造业全球价值链利益分配与中国的竞争力研究》，《国际贸易问题》2014 年第 12 期。

牛华、宋旭光、马艳昕：《全球价值链视角下中国制造业实际有效汇率测算》,《上海经济研究》2016 年第 5 期。

潘文卿:《全球价值链背景下增加值贸易核算理论综述》,《统计研究》2015 年第 3 期。

彭定赟、王磊:《跨越中等收入阶段与中国制造业升级路径选择》,《华中师范大学学报》(人文社会科学版)2020 年第 6 期。

覃大嘉、刘人怀:《解决转型升级的"技工荒"困境:外资代工企业在华劳动力升级创新战略比较研究》,《科技管理研究》2015 年第 22 期。

邱斌、叶龙凤、孙少勤:《参与全球生产网络对我国制造业价值链提升影响的实证研究——基于出口复杂度的分析》,《中国工业经济》2012 年第 1 期。

邱红、林汉川:《全球价值链、企业能力与转型升级——基于我国珠三角地区纺织企业的研究》,《经济管理》2014 年第 8 期。

容金霞、顾浩:《全球价值链分工地位影响因素分析——基于各国贸易附加值比较的视角》,《国际经济合作》2016 年第 5 期。

沈国兵:《显性比较优势、产业内贸易与中美双边贸易平衡》,《管理世界》2007 年第 2 期。

沈能、周晶晶:《参与全球生产网络能提高中国企业价值链地位吗:"网络馅饼"抑或"网络陷阱"》,《管理工程学报》2016 年第 4 期。

盛斌、张运婷:《全球价值链视角下的中国国际竞争力:基于任务与产品实际有效汇率的研究》,《世界经济研究》2015 年第 2 期。

盛斌、苏丹妮、邵朝对:《全球价值链、国内价值链与经济增长:替代还是互补》,《世界经济》2020 年第 4 期。

施振荣、林文玲:《再造宏碁:开创、成长与挑战》,中信出版社 2005 年版。

宋玉春:《韩国化学工业》,《现代化工》2004 年第 6 期。

苏杭:《"一带一路"战略下我国制造业海外转移问题研究》,

《国际贸易》2015 年第 3 期。

苏杭、李化营：《行业上游度与中国制造业国际竞争力》，《财经问题研究》2016 年第 8 期。

苏剑：《基于总供求模型和中国特色的宏观调控体系》，《经济学家》2017 年第 7 期。

苏庆义、薛蕊、张焕波：《增加值贸易核算及其对均衡汇率评估的影响》，《当代经济管理》2014 年第 9 期。

苏庆义、高凌云：《全球价值链分工位置及其演进规律》，《统计研究》2015 年第 12 期。

苏庆义：《中国国际分工地位的再评估——基于出口技术复杂度与国内增加值双重视角的分析》，《财经研究》2016 年第 6 期。

孙洁：《GVC 视角下贸易和 FDI 对中国产业发展的影响研究》，《商业经济研究》2016 年第 1 期。

孙学敏、王杰：《全球价值链嵌入的"生产率效应"——基于中国微观企业数据的实证研究》，《国际贸易问题》2016 年第 3 期。

唐宜红、张鹏杨：《全球价值链嵌入对贸易保护的抑制效应：基于经济波动视角的研究》，《中国社会科学》2020 年第 7 期。

王克岭：《FDI 技术溢出途径下的溢出拦截机理及对策》，《企业经济》2016 年第 7 期。

王岚：《融入全球价值链对中国制造业国际分工地位的影响》，《统计研究》2014 年第 5 期。

王岚、李宏艳：《中国制造业融入全球价值链路径研究——嵌入位置和增值能力的视角》，《中国工业经济》2015 年第 2 期。

王磊、魏龙：《"低端锁定"还是"挤出效应"——来自中国制造业 GVCs 就业、工资方面的证据》，《国际贸易问题》2017 年第 8 期。

王磊、彭定赟、魏龙：《GVCs 参与度波动对中国跨越中等收入阶段的影响及对策分析》，《数量经济技术经济研究》2021 年第 7 期。

王晓萍、胡峰：《基于企业利基战略实施过程的本土代工企业双元能力平衡构建机制研究：GVC/NVC 双重网络嵌入的视角》，《科技管理研究》2013 年第 8 期。

王永进、盛丹、施炳展、李坤望：《基础设施如何提升了出口技术复杂度?》，《经济研究》2010 年第 7 期。

王直、魏尚进、祝坤福：《总贸易核算法：官方贸易统计与全球价值链的度量》，《中国社会科学》2015 年第 9 期。

王子先：《中国需要有自己的全球价值链战略》，《国际贸易》2014 年第 7 期。

魏龙、王磊：《从嵌入全球价值链到主导区域价值链——"一带一路"战略的经济可行性分析》，《国际贸易问题》2016 年第 5 期。

魏龙、王磊：《全球价值链体系下中国制造业转型升级分析》，《数量经济技术经济研究》2017 年第 6 期。

许家云、佟家栋、毛其淋：《人民币汇率、产品质量与企业出口行为——中国制造业企业层面的实证研究》，《金融研究》2015 年第 3 期。

闫国庆、孙琪、仲鸿生、赵娜、荆娴：《我国加工贸易战略转型及政策调整》，《经济研究》2009 年第 5 期。

杨继军、范从来：《"中国制造"对全球经济"大稳健"的影响——基于价值链的实证检验》，《中国社会科学》2015 年第 10 期。

杨小凯、黄有光：《专业化与经济组织》，经济科学出版社 2009 年版。

余振、周冰惠、谢旭斌、王梓楠：《参与全球价值链重构与中美贸易摩擦》，《中国工业经济》2018 年第 7 期。

袁红林：《全球价值链视角下的我国中小制造企业升级策略》，《国际贸易》2016 年第 9 期。

曾箫：《欧美时尚·"印度花布"·奢侈品贸易》，《银行家》2003 年第 4 期。

翟士军、黄汉民：《人口红利、工资刚性与加工贸易增值强度》，《国际贸易问题》2015 年第 11 期。

张辉：《全球价值链理论与我国产业发展研究》，《中国工业经济》2004 年第 5 期。

张辉：《全球价值链下地方产业集群升级模式研究》，《中国工业经济》2005 年第 9 期。

张辉：《全球价值链动力机制与产业发展策略》，《中国工业经济》2006 年第 1 期。

张辉：《全球价值双环流架构下的"一带一路"战略》，《经济科学》2015 年第 3 期。

张辉、易天、唐毓璇：《一带一路：全球价值双环流研究》，《经济科学》2017 年第 3 期。

张辉、吴唱唱、姜峰：《国内国际双循环相互促进研究——中国规模化经济视角》，《政治经济学评论》2021 年第 2 期。

张立冬、刘志彪、吴先满：《江苏省区域创新能力动态评价分析：2006—2010 年》，《南京工业大学学报》（社会科学版）2013 年第 2 期。

张少军、刘志彪：《产业升级与区域协调发展：从全球价值链走向国内价值链》，《经济管理》2013 年第 8 期。

张少军：《全球价值链降低了劳动收入份额吗——来自中国行业面板数据的实证研究》，《经济学动态》2015 年第 10 期。

张学良、程玲、刘晴：《国内市场一体化与企业内外销》，《财贸经济》2021 年第 1 期。

赵构恒、贾鹏、周安民：《有向加权网络中的改进度中心性》，《计算机应用》2020 年第 S1 期。

郑宇：《中等收入国家的国际制度"陷阱"》，《世界经济与政治》2016 年第 7 期。

钟建军：《进口中间品质量与中国制造业企业全要素生产率》，《中南财经政法大学学报》2016 年第 3 期。

周升起、兰珍先、付华：《中国制造业在全球价值链国际分工地位再考察——基于 Koopman 等的"GVC 地位指数"》，《国际贸易问题》2014 年第 2 期。

卓越、张珉：《全球价值链中的收益分配与"悲惨增长"——基于中国纺织服装业的分析》，《中国工业经济》2008 年第 7 期。

Adam Smith, *An Inquiry into the Nature and Causes of the Wealth of Nations*, London: W. Strahan and T. Cadell, 1776.

Albert O. Hirschman, *National Power and the Structure of Foreign Trade*, Oakland: University of California Press, 1980.

Alfred D. Chandler Jr, *The Visible Hand*, Boston, MC: Harvard University Press, 1993.

Alfred Maizels, "The Manufactures Terms of Trade of Developing Countries with the United States, 1981 – 97", QEH Working Paper No. 36., Oxford University, Queen Elizabeth House, Oxford, 2000.

Allyn A. Young, "Increasing Returns and Economic Progress", *The Economic Journal*, Vol. 38, No. 152, 1928, pp. 527–542.

Ananth Ramanarayanan, "Imported Inputs and the Gains from Trade", *Journal of International Economics*, Vol. 122, 2020, 103260.

Arnaud Costinot, "On the Origins of Comparative Advantage", *Journal of International Economics*, Vol. 77, No. 2, 2009, pp. 255–264.

Arnaud Costinot, Jonathan Vogel and Su Wang, "An Elementary Theory of Global Supply Chains", *The Review of Economic Studies*, Vol. 80, No. 1, 2013, pp. 109–144.

Avinnash K. Dixit and Joseph E. Stiglitz, "Monopolistic Competition and Optimum Product Diversity", *American Economic Review*, Vol. 67, No. 3, 1977, pp. 297–308.

Bart Los and Marcel P. Timmer, "Measuring Bilateral Exports of Value Added: A Unified Framework", NBER Working Paper No. 24896, 2018.

Bart Los, Marcel P. Timmer and Gaaitzen J. de Vries, "Tracing Value-Added and Double Counting in Gross Exports: Comment", *American Economic Review*, Vol. 106, No. 7, 2016, pp. 1958-1966.

Beata S. Javorcik, "Does Foreign Direct Investment Increase the Productivity of Domestic Firms? In Search of Spillovers through Backward Linkages", *American Economic Review*, Vol. 94, No. 3, 2004, pp. 605-627.

Bela A. Balassa, "Trade Liberalisation and 'Revealed' Comparative Advantage", *The Manchester School*, Vol. 33, No. 2, 1965, pp. 99-123.

Bertil Ohlin, *Interregional and International Trade*, Cambridge: Harward University Press, 1935.

Brian Berkowitz, Andrea Cortis, Macro Dentz and Harvey Scher, "Modeling Non-Friction Transport in Geological Formations as a Continuous Time Random Walk", *Reviews of Geophysics*, Vol. 44, No. 2, 2006, pp. 1-49.

Bruce Kogut, "Designing Global Strategies: Comparative and Competitive Value-Added Chains", *Sloan Management Review* (pre-1986), Vol. 26, No. 4, 1985, p. 15.

Colin Clark, *The Conditions of Economic Progress*, London: Macmillan, 1940.

Dani Rodrik, "What's So Special about China's Exports?", *China & World Economy*, Vol. 14, No. 5, 2006, pp. 1-19.

Daniel Kaufmann, Aart Kraay and Massimo Mastruzzi, "The Worldwide Governance Indicators: Methodology and Analytical Issues", *Hague Journal on the Rule of Law*, Vol. 3, No. 2, 2011, pp. 220-246.

Daron Acemoglu, Simon Johnson and James A. Robinson, "The Colonial Origins of Comparative Development: An Empirical Investigation", *American Economic Review*, Vol. 91, No. 5, 2001, pp. 1369-1401.

Daron Acemoglu, Pol Antràs and Elhanan Helpman, "Contracts and

Technology Adoption", *American Economic Review*, Vol. 97, No. 3, 2007, pp. 916-943.

David Hummels, Jun Ishii and Kei-Mu Yi, "The Nature and Growth of Vertical Specialization in World Trade", *Journal of International-al Economics*, Vol. 54, No. 1, 2001, pp. 75-96.

David Ricardo, *Principles of Political Economy, and Taxation*, London: John Murray, 1817.

Elhanan Helpman and Paul Krugman, *Market Structure and Foreign Trade: Increasing Returns, Imperfect Competition, and the International Economy*, Massachusetts: MIT Press, 1985.

Elhanan Helpman, "Foreign Trade and Investment: Firm-Level Perspectives", *Economica*, Vol. 81, No. 321, 2014, pp. 1-14.

Elhanan Helpman, Oleg Itskhoki and Stephen Redding, "Trade and Labor Market Outcomes", NBER Working Paper No. 16662, 2011.

Elhanan Helpman, Marc J. Melitz and Stephen R. Yeaple, "Export Versus FDI with Heterogeneous Firms", *American Economic Review*, Vol. 94, No. 1, 2004, pp. 300-316.

Eli F. Heckscher, "The Effect of Foreign Trade on the Distribution of Income", *Ekonomist Tidskrift*, Vol. 21, No. 1, 1919, pp. 497-512.

Elisa Giuliani and Martin Bell, "The Micro-Determinants of Meso-Level Learning and Innovation: Evidence from a Chilean Wine Cluster", *Research Policy*, Vol. 34, No. 1, 2005, pp. 47-68.

Emily J. Blanchard, Chad P. Bown and Robert C. Johnson, "Global Supply Chains and Trade Policy", NBER Working Paper No. 21883, 2016.

Eric Harwit, "The Impact of WTO Membership on the Automobile Industry in China", *The China Quarterly*, No. 167, 2001, pp. 655-670.

Gary Gereffi, "The Organization of Buyer-Driven Global Commodity Chains: How US Retailers Shape Overseas Production Networks", *Contri-

*butions in Economics and Economic History*, 1994, pp. 95–95.

Gary Gereffi and Miguel Korzeniewicz, *Commodity Chains and Global Capitalism*, Santa Barbara, CA: ABC–CLIO, 1994.

Gary Gereffi, "International Trade and Industrial Upgrading in the Apparel Commodity Chain", *Journal of International Economics*, Vol. 48, No. 1, 1999, pp. 37–70.

Gary Gereffi and Raphael Kaplinsky, "Introduction: Globalisation, Value Chains and Development", *IDS Bulletin*, Vol. 32, No. 3, 2001, pp. 1–8.

Gary Gereffi, John Humphrey and Timothy Sturgeon, "The Governance of Global Value Chains", *Review of International Political Economy*, Vol. 12, No. 1, 2005, pp. 78–104.

Gary Gereffi and Joonkoo Lee, "Why the World Suddenly Cares about Global Supply Chains", *Journal of Supply Chain Management*, Vol. 48, No. 3, 2012, pp. 24–32.

Gene M. Grossman and Esteban Rossi–Hansberg, "Trading Tasks: A Simple Theory of Offshoring", *American Economic Review*, Vol. 98, No. 5, 2008, pp. 1978–1997.

Gene M. Grossman and Esteban Rossi–Hansberg, "Task Trade between Similar Countries", *Econometrica*, Vol. 80, No. 2, 2012, pp. 593–629.

Goldman Sachs, "Made in the USA or China? 25 Years of Supply Chain Investment at a Crossroads", Goldman Sachs Global Investment Research, 2017, http://xqdoc.imedao.com/16251202b1c17a403fee8630.pdf, Deposited 26 March 2017.

Harvey Leibenstein, *Economic Backwardness and Economic Growth*, New York: Wiley Press, 1957.

Hiau L. Kee, "Local Intermediate Inputs and the Shared Supplier Spillovers of Foreign Direct Investment", *Journal of Development Econom-*

*ics*, Vol. 112, No. 1, 2015, pp. 56-71.

Hiau L. Kee and Heiwai Tang, "Domestic Value Added in Exports: Theory and Firm Evidence from China", *American Economic Review*, Vol. 106, No. 6, 2016, pp. 1402-1436.

Hubert Schmitz and Peter Knorringa, "Learning from Global Buyers", *Journal of Development Studies*, Vol. 37, No. 2, 2000, pp. 177-205.

James Harrigan and Rita Balaban, "US Wage in General Equilibrium: The Effect of Prices, Technology and Factor Supplies", NBER Working Paper No. 6981, 1999.

Jason Dedrick, Kenneth L. Kraemer and Greg Linden, "Who Profits from Innovation in Global Value Chains? A Study of the iPod and Notebook PCs", *Industrial and Corporate Change*, Vol. 19, No. 1, 2010, pp. 81-116.

Joaquin Blaum, Claire Lelarge and Michael Peters, "Estimating the Productivity Gains from Importing", Paper Delivered to 2014 Meeting Papers, Sponsored by the Society for Economic Dynamics, University of Toronto, Toronto, June 26-28, 2014.

John Humphrey and Hubert Schmitz, *Governance and Upgrading: Linking Industrial Cluster and Global Value Chain Research*, Brighton: Institute of Development Studies, 2000.

John Humphrey and Hubert Schmitz, "How Does Insertion in Global Value Chains Affect Upgrading in Industrial Clusters?", *Regional Studies*, Vol. 36, No. 9, 2002, pp. 1017-1027.

John Humphrey, "Upgrading in Global Value Chains", SSRN Working Paper, No. 908214, 2004.

Ka Zeng, "Complementary Trade Structure and US-China Negotiations over Intellectual Proptery Rights", *East Asia: An International Quarterly*, Vol. 20, No. 1, 2002, pp. 54-54.

Keith Head and John Ries, "Increasing Returns Versus National Product Differentiation as an Explanation for the Pattern of US-Canada Trade", *American Economic Review*, Vol. 91, No. 4, 2001, pp. 858-876.

Kriengkrai Techakanont, "The Evolution of Automotive Clusters and Global Production Network in Thailand", Faculty of Economics, Thammasat University Discussion Paper No. 6, 2008.

Lawrence Page, Sergey Brin, Rajeev Motwani and Terry Winograd, "The PageRank Citation Ranking: Bring Order to the Web", Stanford Digital Libraries Working Paper, 1999.

Lei Wang and Long Wei, "Low-End Locking or Crowding-Out Effects—An Empirical Analysis of China's Manufacturing Industry Embedded in GVCs", *Transformation on Businesss & Economics*, Vol. 17, No. 1, 2018, pp. 216-236.

Loren Brandt and Eric Thun, "Going Mobile in China: Shifting Value Chains and Upgrading in the Mobile Telecom Sector", *International Journal of Technological Learning, Innovation and Development*, Vol. 4, No. 1-3, 2011, pp. 148-180.

Luiza Bazan and Lizbeth Navas-Alemán, "The Underground Revolution in the Sinos Valley: A Comparison of Upgrading in Global and National Value Chains", in Hubert Schmitz ed., *Local Enterprises in the Global Economy*, London: Edward Elgar Pub, 2004.

Marc J. Melitz, "The Impact of Trade on Intra-Industry Reallocations and Aggregate Industry Productivity", *Econometrica*, Vol. 71, No. 6, 2003, pp. 1695-1725.

Marcel P. Timmer, Erik Dietzenbacher, Bart Los, Robert Stehrer and Gaaitzen J. de Vries, "An Illustrated User Guide to the World Input-Output Database: The Case of Global Automotive Production", *Review of International Economics*, Vol. 23, No. 3, 2015, pp. 575-605.

Marcel P. Timmer, Bart Los, Robert Stehrer and Gaaitzen J. de Vries, "Fragmentation, Incomes and Jobs: An Analysis of European Competitiveness", *Economic Policy*, Vol. 28, No. 76, 2013, pp. 613 – 661.

Marcel P. Timmer, Bart Los, Robert Stehrer and Gaaitzen J. de Vries, "An Anatomy of the Global Trade Slowdown Based on the WIOD 2016 Release (No. GD – 162)", Groningen Growth and Development Centre, University of Groningen, 2016.

Meixin Guo, Lin Lu, Liugang Sheng and Miaojie Yu, "The Day after Tomorrow: Evaluating the Burden of Trump's Trade War", *Asian Economic Papers*, Vol. 17, No. 1, 2018, pp. 101–120.

Michael A. Clemens and Jeffrey G. Williamson, "Why Did the Tariff – Growth Correlation Change after 1950?", *Journal of Economic Growth*, Vol. 9, No. 1, 2004, pp. 5–46.

Michael E. Porter, "The Competitive Advantage of Nations", *Harvard Business Review*, Vol. 68, No. 2, 1990, pp. 73–93.

Michael E. Porter, *Competitive Advantage of Nations: Creating and Sustaining Superior Performance*, New York: Simon and Schuster, 1985.

Michael Hobday, Andrew Davies and Andrea Prencipe, "Systems Integration: A Core Capability of the Modern Corporation", *Industrial and Corporate Change*, Vol. 14, No. 6, 2005, pp. 1109–1143.

Mike Morris, Cornelia Staritz and Justin Barnes, "Value Chain Dynamics, Local Embeddedness, and Upgrading in the Clothing Sectors of Lesotho and Swaziland", *International Journal of Technological Learning, Innovation and Development*, Vol. 4, No. 1–3, 2011, pp. 96–119.

Milberg William and Deborab Winkler, "Trade, Crisis, and Recovery: Restructuring Global Value Chains", Policy Research Working Paper No. 5294, 2010.

Ming Liu, "BRICS Development: A Long Way to a Powerful Economic Club and New International Organization", *The Pacific Review*, Vol. 29, No. 3, 2016, pp. 443-453.

OECD, WTO and UNCTAD, "Implications of Global Value Chains for Trade, Investment and Development and Jobs", Prepared for the G-20 Leaders Summit, Saint Petersburg, September, 2013, https: // unctad. org/system/files/official-document/unctad_oecd_wto_2013d1_en. pdf.

OECD, "STAN Input-Output: Input Output Database (Edition 2018)", December 2018, http://www. oecd. org/sti/ind/input-out-puttables. htm.

Paul Krugman, "Increasing Returns, Monopolistic Competition, and International Trade", *Journal of International Economics*, Vol. 9, No. 4, 1979, pp. 469-479.

Paul Krugman, "Scale Economies, Product Differentiation, and the Pattern of Trade", *American Economic Review*, Vol. 70, No. 5, 1980, pp. 950-959.

Paul Krugman, *Geography and Trade*, Cambridge, Massachusetts: MIT Press, 1991.

Paul Krugman, Richard N. Cooper and T. N. Srinivasan, "Growing World Trade: Causes and Consequences", *Brookings Papers on Economic Activity*, Vol. 1995, No. 1, 1995, pp. 327-377.

Paul M. Romer, "Endogenous Technological Change", *Journal of Political Economy*, Vol. 98, No. 5, 1990, pp. S71-S102.

Peigang Zhang, *Agriculture and Industrialization: The Adjustments That Take Place as an Agricultural Country is Industrialized*, Boston: Harvard University Press, 1949.

Peter Wad and V. G. R. Chandran Govindaraju, "Automotive Industry in Malaysia: An Assessment of Its Development", *International Journal of Automotive Technology and Management*, Vol. 11, No. 2, 2011, pp. 152-171.

Pol Antràs, Davin Chor, Thibault Fally and Russell Hillberry, "Measuring the Upstreamness of Production and Trade Flows", *American Economic Review*, Vol. 102, No. 3, 2012, pp. 412-416.

Pol Antràs and Davin Chor, "Organizing the Global Value Chain", *Econometrica*, Vol. 81, No. 6, 2013, pp. 2127-2204.

Pol Antràs, "Conceptual Aspects of Global Value Chains", *The World Bank Review*, Vol. 34, No. 3, 2020, pp. 551-574.

Pol Antràs and Davin Chor, "Global Value Chains", NBER Working Paper No. 28549, 2021.

Pravin Krishna and Andrei A. Levchenko, "Comparative Advantage, Complexity and Volatility", NBER Working Paper No. 14965, 2009.

Quanrun Chen, Kunfu Zhu, Peng Liu, Xiangyin Chen, Kailan Tian, Lianling Yang and Cuihong Yang, "Distinguishing China's Processing Trade in the World Input-Output Table and Quantifying Its Effects", *Economic Systems Research*, Vol. 31, No. 3, 2018, pp. 361-381.

Raphael Kaplinsky, Anne Terheggen and Julia Tijaja, "China as a Final Market: The Gabon Timber and Thai Cassava Value Chains", *World Development*, Vol. 39, No. 7, 2011, pp. 1177-1190.

Raphael Kaplinsky and Masuma Farooki, "What are the Implications for Global Value Chains When the Market Shifts from the North to the South?", *International Journal of Technological Learning, Innovation and Development*, Vol. 4, No. 1-3, 2011, pp. 13-38.

Rashmi Banga, "Measuring Value in Global Value Chains", Background Paper RVC-8, Geneva: UNCTAD, 2013.

Raymond Fisman and Jakob Svensson, "Are Corruption and Taxation Really Harmful to Growth? Firm Level Evidence", *Journal of Development Economics*, Vol. 83, No. 1, 2007, pp. 63-75.

Ricardo Hausmann, Joson Hwang and Dani Rodrik, "What You Export Matters", *Journal of Economic Growth*, Vol. 12, No. 1, 2007, pp. 1-25.

Richard B. Freeman, "One Ring to Rule Them All? Globalization of Knowledge and Knowledge Creation", NBER Working Paper No. 19301, 2013.

Richard Baldwin, "Trade and Industrialization after Globalization's 2nd Unbundling: How Building and Joining a Supply Chain are Different and Why It Matters", NBER Working Paper No. 17716, 2011.

Richard Baldwin and Javier Lopez-Gonzalez, "Supply-Chain Trade: A Portrait of Global Patterns and Several Testable Hypotheses", *The World Economy*, Vol. 38, No. 11, 2015, pp. 1682-1721.

Richard E. Caves and Michael E. Porter, "From Entry Barriers to Mobility Barriers: Conjectural Decisions and Contrived Deterrence to New Competition", *The Quarterly Journal of Economics*, Vol. 91, No. 2, 1977, pp. 241-262.

Richard Schmalensee, "Entry Deterrence in the Ready – to – Eat Breakfast Cereal Industry", *The Bell Journal of Economics*, Vol. 9, No. 2, 1978, pp. 305-327.

Robert C. Feenstra, Zhiyuan Li and Miaojie Yu, "Exports and Credit Constraints under Incomplete Information: Theory and Evidence from China", *Review of Economics and Statistics*, Vol. 96, No. 4, 2014, pp. 729-744.

Robert C. Johnson and Guillermo Noguera, "Accounting for Intermediates: Production Sharing and Trade in Value Added", *Journal of International Economics*, Vol. 86, No. 2, 2012, pp. 224-236.

Robert E. Lucas Jr, "On the Mechanics of Economic Development", *Journal of Monetary Economics*, Vol. 22, No. 1, 1988, pp. 3-42.

Robert Koopman, Zhi Wang and Shang – Jin Wei, "How Much of

Chinese Export is Really Made in China? Assessing Domestic Value–Added When Processing Trade is Pervasive", NBER Working Paper No. 14109, 2008.

Robert Koopman, William Powers, Zhi Wang and Shang–Jin Wei, "Give Credit Where Credit is Due: Tracing Value Added in Global Production Chains", NBER Working Paper No. 16426, 2010.

Robert Koopman, Zhi Wang and Shang–Jin Wei, "Estimating Domestic Content in Exports When Processing Trade is Pervasive", *Journal of Development Economics*, Vol. 99, No. 1, 2012, pp. 178–189.

Robert Koopman, Zhi Wang and Shang–Jin Wei, "Tracing Value–Added and Double Counting in Gross Exports", *American Economic Review*, Vol. 104, No. 2, 2014, pp. 459–494.

Robert Stehrer, "Trade in Value Added and the Value Added in Trade", WIOD Working Paper No. 81, 2012.

Rocco Macchiavello and Ameet Morjaria, "The Value of Relationships: Evidence from a Supply Shock to Kenyan Rose Exports", *American Economic Review*, Vol. 105, No. 9, 2015, pp. 2911–2945.

Ronald H. Coase, "The Nature of the Firm", *Economica*, Vol. 12, No. 4, 1937, pp. 386–405.

Rudolf R. Sinkovics, Mo Yamin, Khalid Nadvi, Yingying Zhang, "Rising Powers from Emerging Markets: The Changing Face of International Business", *International Business Review*, Vol. 23, No. 4, 2014, pp. 675–679.

Rudolfs Bems and Robert C. Johnson, "Value–Added Exchange Rates", NBER Working Paper No. 18498, 2012.

Ryan Monarch and Tim Schmidt–Eisenlohr, "Learning and the Value of Trade Relationships", FRB International Finance Discussion Paper, No. 1218, 2017.

Ryan Monarch, "'It's Not You, It's Me': Prices, Quality, and

Switching in US-China Trade Relationships", *The Review of Economics and Statistics*, 2018, pp. 1-49.

Simon Kuznets, "National Income, 1919-1938", National Bureau of Economic Research, Occasional Poper 2, 1941.

Stacey Frederick and Gary Gereffi, "Upgrading and Restructuring in the Global Apparel Value Chain: Why China and Asia are Outperforming Mexico and Central America", *International Journal of Technological Learning, Innovation and Development*, Vol. 4, No. 1-3, 2011, pp. 67-95.

Staffan B. Linder, *An Essay on Trade and Transformation*, Stockholm: Almqvist & Wiksell, 1961.

Steven N. S. Cheung, "The Contractual Nature of the Firm", *The Journal of Law and Economics*, Vol. 26, No. 1, 1983, pp. 1-21.

Steven N. S. Cheung, "The Economic System of China", *Man and the Economy*, Vol. 1, No. 1, 2014, pp. 1-49.

Sven W. Arndt and Henryk Kierzkowski, *Fragmentation: New Production Patterns in the World Economy*, Oxford: Oxford University Press, 2001.

Teresa S. C. Poon, "Beyond the Global Production Networks: A Case of Further Upgrading of Taiwan's Information Technology Industry", *International Journal of Technology and Globalization*, Vol. 1, No. 1, 2004, pp. 130-144.

Thibault Fally, "On the Fragmentation of Production in the US", University of Colorado-Boulder, 2011, https://www.etsg.org/ETSG2011/Papers/Fally.pdf.

Thibault Fally, "Production Staging: Measurement and Facts", University of Colorado-Boulder, 2012, https://citeseerx.ist.psu.edu/viewdoc/download?doi=10.1.1.421.5359&rep=rep1&type=pdf.

Thomas H. Klier and James M. Rubenstein, "Who Really Made Your

Car?", *Employment Research Newsletter*, Vol. 15, No. 2, 2008, p. 1.

Thomas L. Vollrath, *Revealed Competitiveness for Wheat*, Economic Research Service Staff Report, No AGES861030, US Dept. of Agriculture, Economic Research Service, Washington, DC, 1987.

United Nations Industrial Development Organization, *Competing through Innovation and Learning*, Industrial Development Report 2002/2003, 2002.

United Nation Conference on Trade and Development, *Transnational Corporations, Extractive Industries and Development*, World Investment Report, 2007.

Victor R. Fernández, "Global Value Chains in Global Political Networks: Tool for Development or Neoliberal Device?", *Review of Radical Political Economics*, Vol. 47, No. 2, 2015, pp. 209–230.

Walther G. Hoffmann, *Stadien und Typen der Industrialisierung*, Manchester: Manchester University Press, 1969.

William Petty, *Political Arithmetick, or a Discourse Concerning the Value of Lands, People, etc*, London: C. Petty, Baron Shelburne, 1690.

Wolfgang F. Stolper and Paul A. Samuelson, "Protection and Real Wages", *The Review of Economic Studies*, Vol. 9, No. 1, 1941, pp. 58–73.

World Bank, *World Development Report* 2020: *Trading for Development in the Age of Global Value Chains*, Washington, DC: World Bank Publication, 2019.

Yingying Lu, "China's Electrical Equipment Manufacturing in the Global Value Chain: A GVC Income Analysis Based on World Input–Output Database (WIOD)", *International Review of Economics & Finance*, Vol. 52, No. 1, 2017, pp. 289–301.

Zhi Wang, Willam Powers and Shang–Jin Wei, "Value Chains in East Asian Production Networks: An International Input – Output Model Based Analysis", United States International Trade Commission Working

Paper No. 2009-10, 2009.

Zhi Wang, Shang-Jin Wei and Kunfu Zhu, "Quantifying International Production Sharing at the Bilateral and Sector Levels", NBER Working Paper No. w19677, 2013.

Zhi Wang, Shang-Jin Wei, Xinding Yu and Kunfu Zhu, "Measures of Participation in Global Value Chains and Global Business Cycles", NBER Working Paper No. w23222, 2017.

N